책 읽는
사람만이
닿을 수
있는 곳

책 읽는 사람만이 닿을 수 있는 곳

사이토 다카시 지음
황미숙 옮김

쌤앤
파커스

차례

지금이야말로 책을
읽어야 할 때

나는 오랫동안 독서의 즐거움과 효용에 대해 강조해왔다. 시대를 막론하고 독서의 힘은 대단하다. 사고력을 키워줄 뿐만 아니라 상상력을 풍부하게 만들며 괴로운 상황에서도 앞으로 나아갈 힘을 준다. 독서는 자아를 형성하고 인생을 풍요롭게 만드는 데 반드시 필요하다. 그 가치는 앞으로도 변함없을 테지만 '지금' 같은 시기에 한 번 더 강조할 필요가 있다고 생각한다.

사람들이 책을 읽지 않게 되었다는 이야기가 나온 것은 이미 오래다. 너무 많이 들어서 더 이상 문제의식을 갖지 않는 사람도 있을 것이다. 심지어 '그게 뭐가 문제야?'라며 정색하는 사람들도 적지 않다.

얼마 전에 충격적인 데이터를 접했다. 대학생의 생활실태조사에서 '독서 시간 제로'인 대학생이 과반수를 넘었다는 것이다(제53회 일본전국대학생활협동연합회에 따른 학생

생활실태조사. 응답자의 53.1%가 하루에 독서 시간이 거의 없다고 답했다).

대학에서 교편을 잡고 있는 사람으로서 나도 대략 짐작은 하고 있었지만 직접 수치를 마주하니 역시나 충격이었다. 이공계 학생들이 책이 아닌 논문을 읽고 실험이나 계산에 많은 시간을 보내는 것이라면 그나마 이해는 되지만, 인문계 학생조차 책을 읽지 않는 것이다.

그렇다면 우리는 책을 읽지 않고 무엇을 하고 있을까?

인터넷으로 글을 읽는 것과 책을 읽는 것은 다르다

독서를 하지 않는다고 아예 글자를 안 보는 것은 아니다. 오히려 읽는 양은 더 늘었다. 대부분 인터넷이나 SNS를 이용해서다.

"꼭 책을 읽지 않아도 인터넷으로 보면 되잖아"라고 말하는 사람이 있다. 인터넷에 모든 정보가 있지 않느냐고 한다면 그 말을 부정할 수는 없다. 매일 방대한 양의 정보가 새롭게 올라오는 인터넷에는 최근의 뉴스뿐만 아니라 동서고금의 수많은 이야기와 해석들이 포함되니 말이다. 인터넷의 '아오조라문고(靑空文庫, 일본 인터넷 전자도서관)'에서는 저작권이 소멸된 작품을 무료로 읽을 수도 있다. 그러니 굳이 책을 읽지 않아도 인터넷으로 보면 된다는 의견이 아예 틀린 말은 아니다.

하지만 인터넷으로 읽는 것과 책을 읽는 것에는 중대한 차이가 있다. 콘텐츠를 '대하는 법'이 서로 다르다는 것이다.

인터넷으로 무언가를 읽을 때는 콘텐츠에 차분히 집중하기보다는 금세 다음으로 넘어가기 십상이다. 더 재미있는 페이지, 눈길을 사로잡는 내용으로 시선이 흘러간다. 인터넷상에는 대량의 정보와 더불어 우리의 시선을 끄는 이미지가 넘쳐난다. 그래서 하나의 콘텐츠를 깊이 들여다보는 시간이 점점 더 짧아지는 것이다.

음악도 이제는 모바일로 듣는 시대다. 그런데 도입부를 다 들어보기도 전에 이미 다른 곡을 찾아 나선다. 그래서 바로 후렴구부터 들어가는 곡을 만들기도 한다는 이야기를 어느 가수에게 들은 적이 있다.

현대인의 집중력이 저하되고 있음을 보여주는 연구도 있다. 2015년에 마이크로소프트에서 발표한 바에 따르면, 현대인이 한 가지 일에 집중할 수 있는 시간은 고작 8초라고 한다. 2000년에는 12초였는데 어느새 4초가 단축되었고, 지금은 집중 시간이 9초인 금붕어보다도 짧다는 것이다.

이는 틀림없이 인터넷의 영향이 크다고 본다. 스마트폰이 보급되고, 이를 이용해 항상 다양한 정보에 접속하거나 SNS로 짧은 대화를 주고받게 되면서 우리가 '적응'한 결과다.

독자가 사라진 시대

이렇듯 인터넷상의 정보를 읽는 것과 독서는 전혀 다른 행위다. 인터넷으로 글을 읽을 때 우리는 독자가 아니라 소비자다. 주도권을 쥐고 더 재미있는 것을 고른다. '이건 재미없어' '시시해' 하고 계속 넘겨버리고 '더 재밌는 건 없나' 하며 정보를 소비하는 것이다.

그러나 소비만 하면 무언가를 쌓아가기가 힘들다. 예

를 들어 인터넷에 부지런히 접속해서 습득하는 정보량에 비해 내용은 어딘가 둥둥 떠 있는 느낌이다. 내 것 같지가 않다. 읽는 순간에는 '그렇구나' 하고 생각하지만 금세 잊어버린다. 이런 식이라면 늘 약간의 얕은 정보를 얻더라도 그것으로 지식의 깊이를 더하기는 어렵다.

이것은 정보의 내용이나 도구의 문제라기보다는 자세의 문제다. 저자를 존경하며 '이 책을 읽어봐야지' 할 때는 차분히 자세를 바로잡고 경청하려는 마음가짐이 된다. 저자와 단 둘이 마주앉아 이야기를 듣는 것과 같다. 상대방이 천재적인 작가라면 다음 이야기가 어떻게 되는지 궁금한 마음에 자는 시간도 아까워하며 책을 읽으려 할 것이다.

이렇게 되면 독서는 '체험'으로서 확실하게 몸에 새겨진다. 실제로 독서를 하며 등장인물에 감정을 이입할 때의 뇌는 실제 자신이 체험할 때의 뇌와 비슷한 움직임을 보인다는 분석도 있다.

체험은 인격 형성에 영향을 미친다. '지금의 나를 만든 것은 이러저러한 체험이었다'라고 생각하는 일들이 분명 있을 것이다. 괴롭고 슬픈 경험일지라도 그 덕분에 우리는 상대의 입장과 마음을 공감하고 이해할 수 있다. 또한 어려운 경험을 뛰어넘으면서 강해지고 자신감도 갖게 된다. 큰 병을 극복하거나 생명의 존엄을 느끼는 사건을 겪고 나면 매 순간을 소중히 여기게 되듯이 인격에 변화가 일어나는 것이다.

한 사람이 인생에서 할 수 있는 체험은 한계가 있지만 책을 읽으면 다양한 유사 체험이 가능하다. 독서를 통해 인생관, 인간관을 심화시키고 상상력을 풍부하게 만들며 인격을 키워갈 수 있는 셈이다.

독서보다 실제 경험이 중요하다고 말하는 사람도 있다. 물론 그 말은 맞다. 하지만 나는 독서와 체험이 서로 상충되지 않는다고 본다. 책을 읽으면 '이것을 실제로 경험해보고 싶다'는 동기부여도 되고, 말로 설명할 수 없었던 자신의 체험의 의미를 깨달을 수도 있다. 즉 실제 경험을 수십 배로 가치 있게 만들 수 있는 것이다.

이 책에서는 '독서가 인생의 깊이를 만든다'는 전제하에 인터넷과 SNS를 활용해가며 어떤 책을 어떻게 읽어야 하는지에 대해 설명하고자 한다. 책을 그다지 좋아하지 않는 사람도, 최근에 책을 잘 읽지 않는 사람도 모두 독서의 의미를 재발견하는 데 도움이 되기를 바란다.

왜 지금,
책을 읽어야 하는가?

인터넷 검색으로도
충분하다고 여기는
사람들에게

우리는 정보화 사회에서 살아간다. 그러다 보니 스스로 매일 대량의 정보를 접하고 있다고 생각한다. 물론 인터넷상에는 방대한 양의 정보가 존재하기 때문에 마음만 먹으면 무엇이든, 얼마든지 찾아볼 수 있다. 하지만 내가 보기엔 그리 중요한 정보를 얻는 것 같지는 않다.

사람들은 늘 스마트폰을 손에서 놓지 않지만 실상 이야기를 해보면 제대로 아는 것이 없다. "요즘 이런 뉴스가 화제인 것 같은데…" 하고 말을 꺼내면 "그런 말을 들어보기는 했는데, 정확히 무슨 내용인가요?"라고 되묻는다. 수박겉핥기식으로 키워드만 볼 뿐 상세한 내용까지는 읽지 않는 것이다. 주제별로 간단히 정리해놓은 웹사이트만 본다는 사람도 있다. 어떤 정보에 대해 요약해둔 것만 보며 다 아는 듯한 기분을 느끼기도 한다. 그런데 정작 누군가 그에 대해 물어보면 대답은 하지 못한다. 내용을 깊이 있게 이해하지 못했거나 금세 잊어버리는 일이 많다.

정보의 바다라고 말하지만 실은 대부분의 사람이 얕은 여울에서 조개껍데기만 줍고 있는 형국이다. 깊은 바다로 뛰어드는 사람은 그리 많지 않다. 깊이 잠수해 들어가보면 이제껏 본 적 없는 심해어를 만날지도 모르고, 상상하지도 못한 세계가 펼쳐질 수도 있는데 말이다. 같은 바다를 눈앞에 두고도 사람들은 다르게 행동한다.

자기 전공만 아는 바보는 아닌가

독서는 사람에게 '깊이'를 만들어준다. 이 책에서 말하고자 하는 깊이란, 한 가지만 집요하게 파고드는 종류의 깊이가 아니다. 전공분야를 꿰고 있어도 다른 지식이 전혀 뒷받침되지 않는다면 균형이 깨진다. 깊이는 전인격적이고 종합적인 것이다.

대학생들이 책을 읽지 않는다는 이야기를 앞서 했지만, 실은 대학 교수나 강사들도 교양을 위한 폭넓은 독서를 하지 않는 것 같다. 나는 대학의 채용 면접에서 이런 질문을 던진다.

"전공 이외에 교양을 쌓는 데 도움이 된 책을 세 권 말씀해주시겠어요?"

전공 이외의 도서라는 점이 핵심이며, 폭넓은 교양을 가진 사람인지를 확인하는 질문이다. 학생을 가르치려면 먼저 선생이 교양을 갖추고 있어야 한다. 그런데 이러한 질문에 갑작스레 말문이 막히는 사람이 많아졌다.

좋은 책이 너무 많아서 대답하기 어렵다고 한다면 이해할 수 있다. "세 권만 고르기는 어렵네요. 열 권은 말씀드려야겠습니다"라는 대답을 듣고 싶다. 하지만 안타깝게도 "전공에 관련된 책이라면 바로 말씀드릴 수 있는데요…"라며 곤란해 하는 사람들이 늘어나고 있다.

전공분야는 당연히 잘 알고 있어야 하는 것이고, 그 바탕에 일반교양이 깔려 있어야 한다고 나는 생각한다. 철학 없이 과학을 한다거나, 문학을 모른 채 경제학을 한다는 것은 위험한 일이다. 그래서 대학교 1학년 학생들은 교양수업을 듣는다.

그것이 바로 '리버럴 아츠(Liberal Arts)'라는 것이다. '자유인이 되기 위한 전인적 기예'라는 교육 원리에 기원을 둔 리버럴 아츠의 개념은 고대 그리스에서 탄생했다. 인간이 편견이나 습관을 포함한 속박으로부터 벗어나, 자신의 의지로 살아가려면 폭넓고도 실천적인 지식이 필요하다고 여긴 것이다.

이것은 이후 중세유럽으로 이어져 문법·논리·수사·산술·기하·천문·음악이라는 '자유칠과'로서 정의되었다. 그리고 후에 신학·의학·법률 등의 전공교육이 생겨났을 때, 그보다 앞서 배워야 하는 것으로 다루어졌다. 현대의 리버럴 아츠는 그 흐름을 이어오면서 근대에 발달한 경제학과 자연과학 등이 포함되어 더욱 폭넓어졌다.

최근 들어 리버럴 아츠를 중요시하는 분위기가 형성되고 있다. 글로벌화가 진행되고 사회문제가 복잡해지는 상황 속에서 문제를 해결하려면 전공분야를 초월한 유연성이 필요하다는 사실을 절실히 깨달았기 때문이리라.

전공분야의 지식이 풍부하더라도 그 지식을 살리려

면 다각적인 관점이 필요하다. 가령 유전자공학을 배워 유전자조작 기술을 안다고 하더라도, 생명윤리와 어떻게 타협점을 찾을지에 대한 어려운 문제에 대처하려면 역사와 종교, 철학 등의 폭넓은 지식이 필요하다.

그런데 이처럼 교양이 점점 더 중요해지는 시대임에도 사람들은 책에서 멀어지는 기현상이 벌어지고 있다.

'AI에게 지지 않기 위해'라는 주객전도

AI(인공지능)에 대한 관심이 갈수록 커지고 있다. 2017년에는 AI가 세계 최고의 바둑기사와의 대국에서 승리하는 일이 있었다. 바둑은 장기나 체스에 비해 판이 넓고 순서가 길며 장면에 따라 돌의 가치가 달라지는 특징이 있다. 체스에서는 가능했던 '모든 수를 기억하고 계산하여 최적의 답을 내놓는' 방식이 통하기 힘들다. 그래서 바둑만큼은 컴퓨터가 인간을 이기기는 아직 어렵다고 여겼다.

하지만 2017년 10월에 구글 산하의 딥 마인드가 발표한 '알파 제로'는 기보(바둑이나 장기를 둔 내용의 기록)학습

없이 그저 자기학습만으로 강해졌다고 한다. 게다가 바둑뿐만 아니라 다른 게임도 가능하다. 이제는 인간의 손을 떠나 컴퓨터가 스스로 학습하고 성장하고 있는 것이다.

AI는 이토록 놀라운 속도로 진화하고 있다. 이 분야의 권위자인 레이 커즈와일은 2045년에 싱귤래리티(Singularity, 기술적 특이점)에 도달한다고 말했다. 인공지능이 인간의 뇌를 넘어서게 되어 세계가 크게 변화한다는 것이다. AI에게 일을 빼앗기지 않으려면 인간이 무엇을 익혀야 할지, AI가 하지 못하는 일을 할 수 있으려면 어떻게 해야 할지에 대한 논의도 활발하다.

하지만 내가 보기에 그것은 난센스다. 왜냐하면 'AI가 하지 못하는 일'을 예측해본들 간단히 뒤집히는 상황이 온다. 지금의 진화 속도로 보면 인간의 상상을 훨씬 뛰어넘는 변화가 일어날 테니 말이다. 그러므로 'AI가 할 수 있는 일은 굳이 배우지 않아도 된다. AI가 못하는 것만 열심히 배우자'는 생각은 위험하며 인생을 풍요롭게 만들어주지 못한다.

AI에게 지지 않는 것을 목표로 살아간다는 것은 주객이 한참이나 뒤바뀐 일이다. 이것이야말로 AI에게 인생을 내준 꼴이나 다름없다. AI의 존재와 상관없이 자신의 인생을 얼마나 깊이 있게 살 것인가 하는 점이 우리에게 중요하다.

깊이 있는 인생을 위해 AI나 미래예측에 대한 책을 읽는 것은 매우 유익하다. 가령 책을 읽으면서 '인간의 뇌를 넘어선 지성을 가진 AI가 있을 경우, 인간다운 소통도 나눌 수 있다. 그렇다면 무엇이 인간을 인간답게 만드는가? 나 자신은 인간에게 무엇을 추구하는가?' 하며 사고를 심화시킴으로써 인생을 풍요롭게 만들 수 있다.

인류의 미래를 위해

우리 인류는 '호모 사피엔스', 즉 지적인 사람이다. 아는 것을 많은 사람과 공유하고 후세에도 전달할 수 있다는 것이 호모 사피엔스의 훌륭한 점이다.

서점이나 도서관에 가면 자리가 비좁을 만큼 동서고금의 지식들이 가득 차 있다. 위대한 사람이 인생을 걸고 탐구한 진리 혹은 뼈를 깎는 고통을 문학으로 승화시킨 작품들이 책에 담겨 있다. 이를 통해 우리는 지식을 진화시킬 수 있다.

가족이나 친구들과 수다를 떠는 일이라면 동물들도 가능하다. 의사소통이라는 측면에서 말이다. 하지만 동물이나 곤충은 지역과 시대를 뛰어넘은 곳에 있는 존재가 어떤 생각을 하는지 알 수 없다. 책을 읽는 행위는 오직 호모 사피엔스만이 할 수 있다.

그런데 점점 더 집중력이 떨어져서 급기야 책을 '읽지 않는' 것이 아니라 '읽지 못하는' 격이 되어버린다면 인류의 미래는 밝지 못할 것이다.

거듭 말하지만 인터넷이나 SNS가 나쁘다는 이야기가 아니다. 이 멋진 도구도 인류의 지식이 만들어낸 것이니 잘 활용해야 한다. 다만 무게중심을 완전히 그쪽에만 두고 독서의 즐거움을 잊는다면 무척 안타까운 일이 될 것이다.

독서는 인간으로 태어났기 때문에 맛볼 수 있는 기쁨이며, 스스로 자신의 인생을 심화시키는 최고의 길이다.

그러므로 책과 마주하는 일은 인터넷과 SNS가 주류인 현대사회에서 더욱더 중요하다.

1장

책 읽는 사람만이
도달하는 깊이

깊은 사람과
얕은 사람은
무엇이 다른가?

나는 일반인 대상으로도 강연을 자주 하는데 미디어에서 취재를 오기도 한다. 그 자리에서 다양한 질문을 받다 보면 본질적인 것에 접근하는 깊은 질문을 하는 사람과 표면적인 부분에 사로잡힌 얕은 질문을 하는 사람도 만나게 된다.

얕은 질문에는 "그건 이러이러한 겁니다" 하고 답하면 끝이다. 아주 간단하다. 이야기가 더 확장되거나 내용이 심화되지 않는다. 깊이 있는 질문의 경우에는 나도 머리를 굴려야만 한다. 질문이 자극이 되어 사고가 깊어진다. 내 대답에 따라 질문자의 사고도 깊어지므로 함께 유익한 시간을 보낼 수 있다.

영화를 본 감상이나 뉴스에 대한 코멘트 역시 자극이 되는 재미있는 이야기를 할 수 있는 사람과, 누구나 하는 일반적인 이야기밖에 못하는 사람이 있다. 얕은 사람과 깊은 사람. 누구와 대화하고 싶을지는 물어볼 필요도 없다.

그렇다면 그 얕음과 깊음은 어디서 오는 걸까? 한마디로 말해서 교양이다. 교양이란 잡학이나 단편적인 지식이 아니다. 자기 안으로 받아들이고 통합하여 피와 살이 되는 폭넓은 지식을 말한다.

중요한 것은 현상의 '본질'을 파악하여 이해하는 일이다. 제각각 흩어져 있는 지식이 아무리 많아도 그것을 종합적으로 사용하지 못한다면 의미가 없다. 단순한 만물박사는 사고가 깊은 사람이라 할 수 없다. 인격과 삶 속에서 교양을 갖춘 사람이 바로 '깊은 사람'이다.

깊은 사람이 되는 데 독서만큼 좋은 것이 없다. 책을 읽으면 지식이 깊어지고, 생각이 깊어지고, 인격이 깊어진다. 예를 들어 사이고 다카모리는 '깊은 사람'이다. 막부 말 메이지시대 사람이었던 그는 인격자로서 사람들에게 사랑받았으며 인망이 높았다. 세상을 떠난 후로도 많은 사람들이 그에게 매료되어 연구해왔고 시대마다 새로운 평가를 받았다. 지금도 그 인기는 시들지 않는다.

그렇다면 그는 태어날 때부터 인격자이고 '깊은 사람'이었을까? 그렇지는 않았을 것이다. 사이고 다카모리는 많은 책을 읽었다. 특히 유학자 사토 잇사이의 《언지록》에서 큰 영향을 받았다고 한다. 유배지에서도 이것을 숙독하며 특별히 마음에 남는 101가지의 말을 뽑아 항상 읽었다고 한다. 좌우명인 '경천애인'도 거기서 탄생했다. 늘 책을 읽고 스스로를 키워나간 것이다.

커뮤니케이션 능력은
문자를 통해
연마된다

커뮤니케이션에도 깊고 얕음이 존재한다. 처음부터 끝까지 표면적인 대화로 끝나는 얕은 커뮤니케이션은 신뢰감이 생기기 어렵다. 예를 들어 편의점에서 음료수를 살 때 점원과 눈도 마주치지 않고 "계산해주세요" "감사합니다" 하고 말을 주고받는 것은 지극히 얕은 수준의 커뮤니케이션이다. 이 대화가 기억에 남을 리는 없을 것이다.

하지만 같은 상황이라도 깊은 커뮤니케이션이 가능하다. 나는 편의점에서 외국인 점원과 대화를 나누는 사이가 되어 그가 여자친구와 헤어졌다는 이야기까지 들었다. 상대방의 상황을 인식하고 마음이 담긴 말을 건네면 커뮤니케이션은 급속도로 깊어진다. 깊은 곳에 닿는 느낌은 아주 좋다. 짧은 대화라도 그것이 기분 좋은 하루를 보내는 계기가 되기도 한다.

가족, 연인, 친구라도 늘 깊은 대화를 나눌 수 있다는 보장은 없다. 깊은 곳에 자리한 심리, 감정의 움직임에 닿지 못하고 표면만 본다면 얕은 커뮤니케이션이 되어 버린다. 애정을 느끼는 순간은 깊은 커뮤니케이션이 가능할 때다.

일을 할 때도 커뮤니케이션이 중요하다. 깊이 있는 커뮤니케이션을 하고 있으면, 별로 오가는 말이 없고 짧은 시간이라도 창조적인 성과가 나오는 일이 종종 있다. 반면에 커뮤니케이션이 잘 되지 않으면 아주 간단한 일에서도 실수가 생기고 수고가 늘어나며 일이 정체된다. 이는 대부분 경험을 통해 알고 있는 사실일 것이다.

커뮤니케이션 능력의 밑바닥에는 인식력이 있다. 상대방의 상황과 감정, 언동을 인식하는 것. 각각의 언동에는 그 자리의 문맥이 존재한다. "기대하고 있어요"라는 말이 '당신을 믿고 있으니 부디 열심히 하기를'이라는 의미일 때도 있고 '이제 슬슬 성과를 내야지. 그렇지 않으면 곤란해. 마지막 기회야'라는 뜻일 때도 있다.

사람의 복잡한 감정을 순간적으로 이해하는 것도 인

식력이다. 단순히 '기쁘다, 슬프다, 억울하다'는 말로는 표현하기 힘든 감정. 그런 것을 느끼고 소화할 수 있다면 더 깊은 커뮤니케이션으로 이어진다. 문학은 그런 복잡한 감정을 그려낸다. 그래서 문학 작품을 읽으면 복잡한 감정을 느끼고 말로 표현하는 능력을 익힐 수 있다. 게다가 말로 응답하거나 요구할 때도 인식력은 중요하다. 말하고 싶은 바를 잘 표현하지 못하는 것은 자기 안의 애매한 사고를 언어화하지 못했기 때문일 수 있다.

어떤 사람이
매력적인가?

낸시 에트코프가 쓴 《미-가장 예쁜 유전자만 살아남는다》는 인지과학과 진화심리학의 지식을 바탕으로 '미'의 수수께끼를 풀어내는데, 이 책에 따르면 인간은 진화 과정에서 생식 능력이 높고 건강하며 종의 존속에 가장 적합한 형태를 아름답다고 느낀다고 한다. 요컨대 '아름다운 사람=종의 존속에 유리한 사람'이라고 판단하는 것이다.

그러니 생물로서 미에 집착하는 것은 본능적인 일이라고도 볼 수 있다. 하지만 인간에게는 그러한 감정을 극복할 수 있는 '문화'라는 자원이 있다. 동물의 세계에서도 마찬가지로, 호랑이도 아름다운 호랑이가 있고, 사슴 역시 특별히 아름다운 사슴이 있다. 그러나 여기서 문화는 생겨날 수 없다. 인간만이 아름답게 태어나지 않아도 매력을 발휘할 길이 있는 것이다.

소크라테스는 미남은 아니었지만 젊은이들에게 매우 인기가 있었다. 그의 지성과 교양, 훌륭한 인격이 사람들을 매료시켰기 때문이다. 일본의 헤이안 시대에는 연애를 할 때도 실제로 얼굴을 보기 전에 편지나 대화를 통해 멋진 사람인지를 판단했다. 겉모습이 뛰어나지 않아도 열심히 교양을 익혀 매력을 발휘했다. "역시 배운 사람은 달라. 교양이 있어"라는 말을 들었던 것이다.

실제로 주위의 매력적인 사람을 떠올려보라. 외모가 전부가 아니다. 진솔하고 깊은 커뮤니케이션을 할 수 있는 사람, 인간성이 좋은 사람, 깊이가 있는 사람이 매력적이라는 평가를 받는다.

독서를 통해
만들어지는
깊이

그렇다면 어떻게 해야 깊이가 생기는 걸까? 요즘 많은 사람이 인터넷의 얕은 여울에 있다고 앞서 지적했는데, 사실 인터넷에서 깊이 잠수하는 일은 어렵지 않다. 관심 있는 내용에 대해 세 번만 클릭해보면 된다. 처음에 도달한 페이지만 읽는 데서 끝내지 말고, 관련된 다른 페이지와 다른 각도에서 본 페이지를 찾아서 읽으면 된다. 그것만 해도 정보는 깊고 두터워진다.

다만 어디서 어떻게 잠수할지는 사람에 따라 다를 것이다. 세 번의 클릭만으로도 깊어지기는 하지만, 더 깊은 지식을 찾으려면 잠수하는 능력이 필요하다. 그 '잠수 능력'은 독서를 통해 단련된다는 것이 내 생각이다.

SNS는 커뮤니케이션의 도구로서는 뛰어나지만, 정보 습득의 관점에서 보자면 그리 도움이 되지 않는다. 기본적으로 친구와의 대화에서 새로운 정보를 기대하기는 힘들다. 서로 잘 아는 이야기, 가까운 일에 대한 정보만을 교환하는 경우가 많아서 새로운 정보를 접하는 계기가 될지는 몰라도 그것을 깊이 알기는 어렵다.

물론 친구는 소중한 존재이니 친구와의 커뮤니케이션 시간을 갖는 것은 좋다. 허물없이 마음을 터놓을 수 있다는 것은 감사한 일이고, 기분 전환을 위한 가벼운 수다도 필요하다. 다만 친구 없이는 아무것도 못하는 사람처럼 하루 종일 SNS만 들여다보고 있다면 깊이의 차원이 파고들 여지가 없다.

적어도 잠들기 전 1시간은 책을 읽으면 어떨까? 그러면 매일 조금씩이나마 깊은 시간을 보낼 수 있다. 낮에는 얕은 커뮤니케이션만 하던 사람도 갑자기 깊어질 수 있다. 도대체 무슨 일이 있었던 걸까 싶을 만큼 생각도, 표정도 깊어진다. 이렇게 '갑자기 깊어지는' 느낌을 나는 참으로 좋아한다.

항상 깊을 필요는 없다. 평소에는 얕더라도 한 번쯤 깊어지는 시간을 가지자. 위대한 것을 접하고 감동하거나 크게 흔들려보면 차분히 인생을 음미할 수 있다.

일본의 가수 JUJU는 콘서트를 위해 각 지역을 방문할 때면 꼭 서점에 들른다고 한다. JUJU가 방송에서 "책이란 도라에몽의 '어디로든 문' 같은 거예요. 그 책이 나를 각각의 세계로 데려다주지요"라고 말한 적이 있는데 참으로 공감했다.

전철에서 문고본을 펼치고 읽노라면 주위에서는 일상의 여러 가지 대화가 오가도 나만큼은 19세기의 러시아, 또는 2,000년 전의 로마에 있는 것 같으니 말이다. JUJU는 이동 시간이나 잠들기 전 시간에는 늘 손에서 책을 놓지 않는다는 애서가다. 그렇기에 노래에도 깊은 표현력이 더해지지 않나 싶다.

TV는
도움이 되지
않는가?

일반적으로 TV는 얕은 미디어라고들 한다. 흘러나오는 영상을 그냥 보기만 한다면 생각이 깊어지기 힘든 것이 사실이다. TV 프로그램은 아무 생각 없이 보아도 이야기를 쉽게 따라갈 수 있게끔 만들어져 있고, 애당초 어려운 내용은 방영되지 않는다. 한마디로 가볍게 볼 수 있는 엔터테인먼트가 많다.

하지만 다큐멘터리나 일류 인물에 대한 인터뷰, 〈100분 de 명저〉 같은 교양 프로그램처럼 자신을 심화시킬 수 있는 것도 있다. 또 엔터테인먼트 프로그램이라도 어떻게 보느냐에 따라서 깊이가 달라지기도 한다. 볼거리가 있는 셈이다.

나는 방송 일을 하는 터라 TV를 자주 본다. 대략 하루에 3~4시간은 보는 편이다. 즐겨 보는 것 중에 〈집, 따라가도 됩니까?〉라는 프로그램이 있다. 늦은 밤, 막차를 놓친 사람에게 "택시비를 내드리는 대신 당신의 집에 따라가도 됩니까?" 하고 물어본 후, 함께 집에 가서 이야기를 나누는 프로그램이다.

이 프로그램을 보면 가령 선술집에서 유쾌하게 술에 취한 모습을 보이던 20대 여성이, 집에 가서 속 깊은 이야기를 나누다 보면 이제까지와는 다른 얼굴을 보여줄 때가 있다.

"어떤 일을 하세요?"

"특수학교 교사예요."

그녀에게는 착하고 좋은 오빠가 있었는데 그 오빠는 지적장애를 가지고 있었다고 한다. 그런데 그녀의 생일을 축하해주고 며칠 지나지 않아 오빠가 갑자기 병으로 세상을 떠난 것이다. 그 일을 계기로 그녀는 방송통신대학의 수업을 듣고 특수학교의 교사가 되었다.

쾌활한 얼굴로 웃고 떠들며 술을 마시던 모습에서는 상상하지 못했던 인생이 그곳에 있었다. 내가 알지 못하는 세상 사람들 모두가 제 나름의 인생을 열심히 살고 있구나. 나는 이 프로그램을 보며 그런 깨달음과 잔잔한 감동을 느낀다.

출연진의 인생을 극히 일부만 보여주는 프로그램이지만 거기서 상상의 나래를 펼칠 수 있다. 평소 나와 별로 연관될 일이 없는 연령대, 직업, 지역의 사람에 대해서는 잘 상상하기 어렵거나 편견의 시각으로 보기 쉽다. 이를 무너뜨리고 상상의 나래를 펼치며 풍부한 인간관과 인생관을 키워갈 수 있다는 것이 이 프로그램의 장점이다.

'깊이를 느끼는 힘'을 가진 사람은 이렇게 인생을 담장 너머 바라보는 듯한 프로그램에서 배우는 점이 많다. '자, 이제 감동하세요' 하고 억지로 눈물을 빼내려는 프로그램에만 반응한다면 깊이는 생기지 않는다. 얕은 수준의 내용이라도 눈물은 충분히 흘릴 수 있다. 깊이란 단순히 감정이 움직이느냐 아니냐가 아니다. 그리고 그러한 '깊이를 느끼는 힘' 역시 독서를 통해 키울 수 있다.

지성은
만인에게
열려 있다

일반적으로 '지적'이라고 하면 지식이 풍부하고 언어적인 인식력이 높은 사람을 말한다. 사람은 같은 것을 읽고 들어도 제각기 다르게 받아들인다. 인식력이 높은 사람은 더 많이, 더 깊은 정보를 파악하고 이해할 수 있다.

한편 무언가를 지식과는 무관하게, 감각적으로 해내는 센스 있는 사람도 있다. 디자인 센스가 있는 사람, 음악적 센스가 있는 사람, 요리의 센스가 있는 사람. 해당 분야를 특별히 제대로 배우지 않았는데도 뛰어난 경우를 말하는데, 그건 그것대로 훌륭하다.

안타깝게도 센스는 타고난 부분이 크기에 노력으로 얻기가 힘들다. 가령 음치에다 음악적 센스가 없다면 노래를 부르거나 연주를 하는 등 음악을 통해 큰 기쁨을 얻기는 어려울지도 모른다. 하지만 언어는 많은 사람에게 열려 있는 것이어서 그리 센스를 요하지 않는다. 지성은 만인에게 열려 있기 때문이다. 누구든 지식을 늘리고 심화시키면서 지적인 사람이 될 수 있다. 게다가 사람은 누구나 지적호기심과 지적욕구를 가지고 있다.

오랫동안 초등학생을 가르쳐보니 책을 싫어하는 아이는 없었다. 하나같이 "더 읽고 싶어요. 더 많이 읽을래요"라고 말한다. 모두가 자연스러운 지적욕구를 가지고 있음을 느낀다.

초등학생들에게 인기가 있는 책 중에《우리들의 7일간의 전쟁》이 있다. 내용도 알차고 전개 역시 깊이가 있는 재미있는 책이다. 전쟁과 학생운동에 대해 그려내고 있는데, 대략적인 줄거리는 관리교육에 억눌린 아이들이 언론을 이용해 어른들에게 주의주장을 펼치는 이야기다. 쉽게 빨리 읽히는 느낌이 아니라 꽤 어려운 부분도 있는데 초등학생들은 아무렇지 않게 읽는다. '우리들의 시리즈'는 무려 누적 판매 부수 1,700만 부를 넘어섰다. 그만큼 읽는 아이들이 많다.

초등학생에게는 읽는 힘이 있고, 읽고 싶은 마음도 있

다. 연간 100권 정도의 독서량을 가진 아이들이 수두룩하다. 이대로라면 언어적인 인식 능력은 계속 높아져야만 한다. 그런데 많은 사람이 자라면서 점점 책을 읽지 않게 되다가 대학생쯤 되면 한 달에 한 권도 읽지 않게 된다니, 성장하면서 독서의 즐거움을 잊어버리는 것 같다.

독서의 즐거움은 책의 세계를 천천히 음미하는 데 있다. '미독味讀'. 깊은 세계를 접하고 그것을 즐기는 마음이 필요하다. 그런 마음이 없으면 그만큼의 시간과 에너지를 할애하지는 못할 것이다. 누구나 본래 가진 지적욕구를 바탕으로 깊은 세계를 접하고 즐기려는 마음을 가지는 것이 독서의 시작이다.

책 읽는 사람만이 도달하는 깊이

교양 있는 삶이
재미도 있다

나는 내 수업을 듣는 대학교 1학년 학생들에게 먼저 이렇게 묻는다.

"여기서 길이 두 갈래로 나뉩니다. 교양이 있는 인생과 없는 인생, 어느 쪽이 좋을까요?"

《논어》와 데카르트의 《방법서설》, 니체, 후쿠자와 유키치의 책 등 다양한 글을 읽고 창조적인 과제에 부응하면서 '지적이고 교양이 있는 인생은 훌륭하다'고 느끼는 삶을 선택할 것인가. 아니면 "데카르트가 도대체 뭐야?"라면서 살아가는 비非지적인 인생을 고를 것인가.

그렇게 질문하면 모두가 '교양 있는 인생이 좋다'고 말한다. 실제로 책을 많이 읽기 시작하면 책 읽기를 잘했다고들 말한다. 욕구는 크지만 독서의 습관이 없었던 것뿐이다.

책을 많이 읽으면 교양이 있는 사람의 이야기를 더 재

미있게 느낄 수 있다. 가령 구로사와 아키라 감독의 〈거미의 성〉이라는 영화는 일본 전국시대 무장의 이야기인데, 셰익스피어의 《맥베스》를 각색한 것이다. 《맥베스》를 몰라도 재미있게 볼 수 있지만, 알고 본다면 '그 맥베스를 전국시대의 무장으로 바꾸면 이렇게 되는구나. 역시 구로사와는 대단하군' 하고 감탄하며 깊이 즐길 수 있다.

영화나 책만이 동서고금의 명저를 인용하는 것은 아니다. 조크와 잡담 역시 마찬가지다. 교양이 있으면 웃어야 할 곳을 알고 함께 웃을 수 있다. "저건 맥베스 부인인가 보군" 하고 웃을 수 있다는 말이다. 반대로 "이건 마키아벨리즘이네"라고 말했을 때 "응? 무슨 말이야?" 하고 되묻는다면 더 이상 깊이 있는 대화는 힘들어진다.

책을 읽을수록 세계는 즐거움으로 넘쳐난다. 여느 때라면 의식하지 못하던 것도 '재미있네!'라고 느낀다. 가령 '한자가 이렇게 굉장한 것이었다니!' 하고 깨닫는다. 아무렇지 않게 일상적으로 쓰던 한자는 사실 하나하나 따져보면 굉장히 깊은 세계를 담고 있다. 한자의 어원,

책 읽는 사람만이 도달하는 깊이

유래에 대한 연구로 유명한 시라카와 시즈카의 책을 읽어보면 감동스러울 정도다.

나아가 한자와 신체를 연결시켜 생각한 인물이 바로 노구치 미치조다. 그는 한자의 성립을 몸으로 찾아가는 신기한 일을 한다. '足'이라는 한자를 만든 사람들의 감각을 발의 감각으로 더듬어보려고 하는 것이다. 깊은 신체감각과 한자의 문화를 연결시켜 파악한다니 얼마나 재미있는 일인가. 지적인 것에 흥미를 느끼는 사람은 이런 것이 즐겁다.

지적이고 교양이 있는 인생을 고르지 않은 사람이 보기에는 대체 무얼 하는 건가 싶을 것이다. 그들은 그만큼 인생의 즐거움이 줄어드는데도 그것을 깨닫지 못한다. 대놓고 즐기라는 식의 단순한 엔터테인먼트에 익숙해져 심도 깊은 즐거움을 못 느끼게 된다.

한마디로 교양 있는 사람의 인생이 한층 더 재미있다. 여러 복잡한 즐거움으로 넘쳐나는 세상을 제대로 즐길 수 있다는 말이다.

2장

깊어지는 독서와
얕아지는 독서

저자의 깊은
인식력을
배우다

깊이를 손에 넣으려면 그 일에 대해 깊이 파악하는 힘, 인식력이 필요하다. 독서를 통해 저자의 인식력도 익힐 수 있다.

인식력에 차이가 있으면 같은 정보라도 받아들이는 데서는 크게 달라진다. 두 사람이 똑같은 일을 하고 있다고 해보자. 베테랑인 A는 일의 의뢰 내용을 의도까지 포함해 정확히 파악하고 기대를 뛰어넘는 결과를 낼 수 있다. 반면에 초보자인 B는 일의 의뢰 내용을 꼼꼼히 파악했다고 생각하지만 A와 같은 결과를 내지 못한다. 경험의 차이란 단순히 기술의 차이도 있지만, 인식력에 차이가 있는 경우가 많다.

A가 평소 어떤 생각으로 일에 임하는지, 정보를 어떻게 받아들이는지 들어보면 B는 깜짝 놀란다. 베테랑의 인식을 언어로 들어보면 똑같이 인식하려는 노력이 가

능해진다. 즉 일류의 인식력을 가진 사람의 책을 읽으면 우리의 인식력도 연마된다.

검호 미야모토 무사시의 대표적인 저작 《오륜서》는 세계적으로도 널리 알려져 있으며 높은 평가를 받는 병법서다. 무사시는 '60번이 넘는 승부에서 패한 적이 없다'고 알려진 검술의 달인인데, 그 강함의 비밀은 유례없는 강한 힘이나 호쾌함이 아니었다. 그는 숙련공처럼 검술을 음미하고 끊임없이 고민해 최고의 기술을 만들어냈던 것이다.

검술이라는 구체적인 기술을 추구하며 깨달음의 경지에 도달하다니 참으로 대단하다. 그것이 바로 무사시가 외국인에게 인기가 있는 이유가 아닐까 싶다. 검술을 통해 깨달음의 경지에 이른 멋진 일본인이라고 하겠다.

《오륜서》는 '지地' '수水' '화火' '풍風' '공空'의 다섯 권으로 되어 있는데 '공의 권'에 쓰인 것이 무사시가 지향한 경지다. 무사의 도에 대해 모두 알고, 마음에 동요가 없고, 늘 태만하지 않으며 '마음'과 '뜻'(의식)이라는 두 개의 마음을 연마하고, '관'(전체상을 파악하는 커다란 눈)과 '견'이라는 두 개의 눈을 갈고 닦아 조금도 흐림이 없는 '흔들리는 구름'이 걷힌 상태가 진정한 하늘이다. 매일의 단련을 통해 일체의 동요가 없는, 맑게 갠 푸른 하늘의 경지에 이르고자 한 것이다.

검술에 대해 쓴 '수의 권'에는 마음가짐, 자세, 눈빛, 검을 잡는 법, 휘두르는 법, 발놀림, 자리에 맞는 공격법 등이 매우 상세하고 구체적으로 적혀 있다. 자세 하나만 해도 '이마에 주름을 잡지 말고 미간에 주름을 잡고, 눈동자가 움직이지 않도록 하고, 눈을 깜빡거리지 말고, 눈을 가늘게 뜨고, 콧날을 곧게 세운 후, 아래턱을 조금 내고…'라는 식이다.

이렇게 작은 부분까지 의식하고 그것을 언어로 표현했다는 사실이 놀라울 따름이다. 목숨을 걸고 검술을 연마해 그야말로 달인의 경지에 이른 사람의 인식이 아닐까. 무사시처럼 일류의 인식력을 가진 사람이 쓴 글을 읽으면 우리의 인식력도 깊어지기 마련이다.

깊은 인식은
모든 분야로
연결된다

노(能, 일본 전통가면극)의 대성자 제아미가 집필한 《풍자화전》은 본래 비전서였다. 제아미가 아버지 간아미에게 배운 것을 글로 쓴 것인데, 그 자리에서만 볼 수 있는 노라는 예술의 심오한 경지를 일족에게 전달하기 위한 책이었다.

노의 세계 역시 경쟁이 심해서 인기가 없으면 사라질 수밖에 없었다. 당시에는 쇼군인 '아시카가 요시미쓰'의 마음에 들어 비호를 받고 있었지만, 쇼군의 마음은 언제든 다른 것으로 옮겨갈 수 있는 법. 제아미는 쇼군과 귀족은 물론이고 관객인 민중들의 평판도 의식하고 있었다. 그야말로 문화와 일족의 운명을 짊어진 인간이 목숨을 걸고 쓴 비전서인 셈이다.

제아미는 "감추면 꽃, 감추지 못하면 꽃이 아니다"는 말로 유명한데, 이것은 '모든 수를 보여주지 않고 비밀로 해둘 것. 그리고 이때다 싶을 때 내밀면 관객을 놀라게 하고 매료시킬 수 있다'는 것을 의미한다. 관객은 금세 싫증을 느끼니 늘 신선한 놀라움을 제공해서 재미있게 여기도록 고민해야 한다. 이 역시 제아미가 일족과 문화를 위해 진심을 담아 썼다고 생각하면 깊은 울림을 느낄 수 있다.

일본의 대표적인 홈쇼핑 회사인 자파넷 다카타의 창업자 다카타 아키라 씨는 제아미를 무척 좋아한다고 한다. 그는 한 직원에게서 "사장님이 늘 하시는 말씀이 이 책에 똑같이 적혀 있습니다"라며 제아미에 관한 책을 건네받고 관심을 가지게 되었다고 말했다. 그때까지 노를 접하거나 《풍자화전》을 읽은 적이 없는데 자신과 똑같은 이야기를 하다니 참으로 흥미롭지 않은가. 노와 홈쇼핑은 전혀 다르지만 '인식의 깊이'에서는 통하는 부분이 있었던 것이다.

다카타 씨는 제아미의 가르침 중에서도 '자기갱신의 사고법'에 가장 감명을 받았다고 한다. 그것은 늘 스스로를 성장시키는 마음가짐이다. 그중에서 상징적인 말하나가 바로 '초심을 잊지 말라'는 것이다. 모두가 익히 아는 말이지만, 제아미가 의도하는 내용은 현대의 그것과는 조금 다르다. '초심을 잊지 말라'의 초심이란 기예의 미숙함을 말한다. 자신의 미숙함을 염두에 두고 늘 스스로를 경계하지 않으면 성장하지 못한다는 뜻이 담겨 있다.

《화경花鏡》에서는 세 가지 초심에 대해 이렇게 적고 있다. '시비是非의 초심을 잊지 말라. 시시時時의 초심을 잊지 말라. 노후老後의 초심을 잊지 말라.'

예술의 세계에 갓 입문했을 때 느끼는 '시비=옳고 그름'의 초심, 경험을 쌓아가며 그때에 맞는 연기법을 행하는 초심, 그리고 노년을 맞이했을 때 비로소 도전할 수 있는 예藝에 대한 초심. 매사를 시작한 후부터 경험을 쌓는 와중에도 늘 그때마다의 도전이 있고, 미숙함이 있다는 뜻이다.

일류의 인식력을 가진 사람은 자신이 하는 일에는 아직 끝이 없다고 생각한다. 보통의 사람이 '여기까지 했으면 됐다' '이제 앞이 보인다'고 생각하는 경우라도 인식력이 있는 사람은 여전히 도전해야 할 것이 있다고 느낀다. 그만큼 깊이 인식하고 있는 것이며, 그렇기에 인생을 계속 즐길 수 있는 것이기도 하다.

정보로서의 독서,
인격으로서의
독서

　　　　　독서에는 크게 두 가지가 있다. 정보로서의 독서와 인격으로서의 독서다. 노벨물리학상 수상으로 화제가 된 '중력파'에 대해 알고 싶어서 정보가 간결하게 정리된 신서를 읽는 것은 정보로서의 독서다. 나카칸스케의 자전적 소설 《은수저》를 읽고 자신의 어린 시절을 떠올리며 세계관을 음미하는 것은 인격으로서의 독서라고 할 수 있다. 다만 정보와 인격은 최종적으로는 딱 나눠지지 않는다.

　케플러는 행성이 타원의 궤도에서 움직이고 있다고 발표했다. 이는 과학의 역사에서 혁명적이라고 할 만한 중요한 전환점이다. 그때까지는 2,000년 동안이나 '행성의 운동은 완전한 원을 그린다'고 믿었다. 원운동은 신성하고 완전하며, 천상계의 운동은 완전한 원을 그릴 것이라는 아리스토텔레스의 자연관이 뿌리 깊이 남아 있었던 것이다.

하지만 그 생각으로는 아무리 해도 계산이 맞지 않았다. 그래서 완전한 원이 아니라 살짝 찌그러진 모양일지도 모른다고 깨달은 것이다. 그리고 '행성은 태양을 하나의 초점으로 삼아 타원 궤도를 그린다'는 케플러의 법칙에 도달했다. 거기에 도달하기까지는 관측 데이터와 이론을 맞춰보는 과학적인 작업을 했지만, 케플러 자신은 신비주의적이며 옛 감각도 겸비하고 있었다. 그는 점성술로 생계를 꾸렸고, 태양을 신성시하며 우주의 조화라는 가치관을 강하게 갖고 있었다.

'행성의 공전주기의 제곱은 궤도의 긴 반지름의 세제곱에 비례한다'는 케플러의 제3법칙도 실은 신비 사상에서 나온 것이다. 그는 행성의 궤도와 운동 사이에는 신비로운 조화가 반드시 존재할 것이라고 믿고 그것을 발견하려고 했다. 그런 배경을 알면 케플러의 법칙이라는 과학적인 정보에서도 깊이를 느낄 수 있지 않을까.

역사도 마찬가지다. 나는 프랑스의 역사가 쥘 미슐레를 아주 좋아하는데, 그의 저서 《마녀》는 중세유럽에서

행해진 마녀재판을 재판 기록에 근거해 저술한 매우 흥미로운 역사서다. 그때까지 일반적으로 역사는 남성이 만들어내는 것으로 여기고 남성의 관점에서 쓰였지만, 미슐레는 여성의 관점에서 역사를 그려내고자 했다. 마녀란 무엇인가? 그것은 중세의 봉건사회에서 소외된 인간이었다.

> 특정 시대에는 마녀라는 말이 나오기만 해도 증오했기에 그 증오의 대상이 된 자는 누구랄 것 없이 죽임을 당했다는 사실에 주의하기 바란다. 여자들의 질투, 남자들의 탐욕, 이것들이 실로 딱 맞는 무기를 손에 넣는 셈이다. 어디어디의 여자가 돈이 많다고? … 마녀다. 어디어디 사는 여자가 예쁘다고? … 마녀다.
>
> ─《마녀》, 쥘 미슐레 저

다만 마녀가 늘 희생자였던 것만은 아니다. 로마 교회, 왕에 의한 지배, 수많은 권력에 반항한 이들도 있었다. 마녀는 중세유럽사의 뒤편에 자리한 주인공이기도 한 것이다. 오를레앙 포위전에서 전선에 서서 오랫동안 계속된 전쟁으로 고통받던 프랑스 민중을 구한 잔 다르크 역시 마녀다. 그녀는 화형에 처해지는 최후를 맞이했다. 《마녀》는 중세유럽의 역사서인 동시에 미슐레의 투철한 눈으로 그려낸 문학이기도 하다.

언뜻 내용 자체는 인격과 무관한 듯 보이지만 그것을 포착하는 눈은 저자의 인격이다. 인격이 있기에 과학적인 발견이 있다. 인격이 있기에 역사를 포착해낼 수 있다. 그렇게 생각하면 정보에서도 깊이를 느낄 수 있을 것이다. 어떤 정보든 그것을 성립한 누군가가 존재하고 거기에는 인격이 있다. 그러니 정보로서의 독서라 할지라도 정보와 인간의 활동을 함께 이해하고자 하면 자연스레 깊이가 더해지는 법이다.

이야기를 통해
익히게 되는
영상화의 힘

책을 읽을 때 뇌의 작용은 매우 정교하고 복잡하다. 문자를 따라가며 의미와 내용을 이해하고 감정을 음미하며, 그려진 풍경과 인물의 모습, 목소리 등 여러 가지를 상상한다. 눈앞의 현실이 아닌 상상으로 가슴이 두근거리고 감동하는 것은 인간이기 때문이다. 언어 자체가 인간적인 데다 상상을 통해 감정을 움직이는 독서는 극히 인간적인 행위라고 할 수 있다.

문자를 눈으로 좇는 것뿐만 아니라 귀로 듣는 것 역시 뇌를 단련시켜준다. 옛날에는 종종 라디오에서 낭독 프로그램이 방송되었다. 1939년에 시작된 도쿠가와 무세이의 낭독 프로그램 〈미야모토 무사시〉는 당시 굉장한 인기를 구가했고, 그 후로도 몇 번이나 재방송된 전설의 라디오 드라마다.

예를 들어 무사시가 사사키 코지로와 결투하는 '간류

섬의 결투'에 등장하는 명장면을 살펴보자.

"자, 덤벼라 무사시!"

이 말과 함께 코지로가 칼집 끝을 뒤로 높이 들어 올리더니 겨드랑이에 차고 있던 장검의 바지랑대를 순식간에 빼들고는 왼손에 남은 칼집을 물결 사이로 던져버렸다.

"코지로, 너는 졌다."

"뭐라고!"

"오늘 시합은 이미 승부가 났다. 그대는 진다."

"입 다물어라. 무슨 근거로 그런 소리를 하느냐!"

"이길 몸이라면 어째서 칼집을 버리겠는가. 칼집은 그대의 천명을 던져버렸다."

"네놈이 또 허튼 수작을 부리는구나."

"안타깝군, 코지로. 이제 지는구나. 이른 낙화를 서두르겠느냐."

"자, 덤벼라!"

"오오옷!"

깊어지는 독서와 얕아지는 독서

무사시의 발에서 물소리가 났다. 코지로도 한 발짝 얕은 여울로 첨벙 발을 내딛더니 바지랑대를 머리 위로 크게 휘둘러 올리고는 무사시를 마주 보고 자리를 잡았다. 허나 무사시는 한 줄기의 하얀 물거품을 수면 위로 비스듬히 그리며 다, 다, 다 하고 물보라를 차올리면서 코지로가 서 있는 왼편의 절벽으로 뛰어올랐다.

라디오 드라마라서 듣기만 하는 상태지만 머릿속에 영상이 생생하게 그려진다. 날카로운 눈빛과 긴박한 표정, 숨소리까지 전해지는 듯해 손에 땀을 쥐고 빠져들 수밖에 없다. 이때의 뇌는 실상 매우 고도의 활동을 한다.

'물결 사이'라는 말을 들으면 자신의 기억 속에서 일치하는 물결 사이의 영상을 끌어내어 이미지화하고, '왼편의 절벽으로 뛰어올랐다'는 말에서는 무사시와 코지로의 위치 관계를 이미지화해 영상을 구성한다. 그리고 부족한 부분은 상상으로 보완한다.

나아가 등장인물에 감정을 이입해 가슴이 두근거리거나 흥분하기도 한다. 이와 마찬가지로 책을 읽어주면 듣는 사람은 자유롭게 머릿속에 그림을 그릴 수 있다.

아이가 있는 분이라면 부디 책을 읽어주기 바란다. 조금 어렵거나 우회적인 표현이 있어도 괜찮다. 무엇보다 감정을 담아 읽어주는 것이 중요하다. 아이는 아직 말을 듣고 이미지화하는 데 익숙하지 않지만, 억양이나 감정을 담은 목소리에 의지해 머릿속에서 영상화할 수 있게 된다.

그런 의미에서 애니메이션은 훌륭한 문화지만 이미지화하는 힘을 단련하기에는 그리 알맞지 않다. 애니메이션을 보면서 다른 영상을 떠올리기는 힘든 데다 대개는 그렇게 하지도 않기 때문이다.

미야자키 하야오는 인터뷰에서 "아이가 〈이웃집 토토로〉를 좋아해서 수십 번도 더 봅니다"라는 한 엄마를 향해 "그러면 안 됩니다" 하고 말했다. 명작이라고 해서 아이에게 반복해서 보여줄 것은 아니라는 말이다.

비디오 스위치를 켜는 것과 그림책을 펼쳐 보는 것은 본질적으로 다른 행위라고 생각합니다. 영상은 보든

안 보든 관계없이 일정한 속도로 흘러나오는 일방적인 자극이지만, 그림책은 달라요. 지금처럼 아이들이 영상에 기대면 기댈수록 앞으로는 현실 생활 속에서 그림책을 더 즐기는 시간이 필요하지 않을까요.

－《반환점》, 미야자키 하야오

이것은 아이들에 대한 이야기지만 어른에게도 해당된다. 지금 빈번하게 인터넷을 보는 사람들 중에는 문자 콘텐츠를 읽는 것보다 영상을 보는 시간이 긴 사람도 있을 것이다. 영상은 문자로 설명되는 것보다 일목요연하게 이해되니 편리한 데다, 시각과 청각에 호소하는 정보량이 많아서 단시간에 그 세계로 들어갈 수 있다.

그런데 이는 자신의 머리를 별로 사용하지 않아도 된다는 뜻이기도 하다. 상상하고 이미지화하는 힘을 구사할 필요가 줄어들기 때문이다. 그러니 어른도 영상에 의존할수록 책을 읽는 시간이 필요하다고 할 수 있겠다.

미야자키 하야오는 많은 책을 읽고, 매우 깊은 인식력을 갖고 있는 분이다. 그러니 그토록 재미있는 작품을 만

들 수 있다. 애니메이션은 즐겨 보지만 책은 읽지 않는다
면 미야자키 애니메이션의 진정한 깊이를 깨닫지 못할
지도 모른다.

'저자의 눈'으로
현상을
바라보다

원기둥을 위에서 내려다 보면 둥글게 보이고, 옆에서 보면 삼각으로 보이듯이 관점이 달라지면 대상은 다르게 보인다. 커뮤니케이션에서도 '상대방의 입장에 서라' '상대방의 관점으로 보라'는 말을 자주 한다. 하지만 개념적으로는 알아도 자신의 관점에서 쉽게 빠져나오지는 못한다. 자기도 모르게 '내가 이러하니 상대방도 이러할 것'이라고 생각해버리기 때문이다.

독서는 자신과 다른 관점을 얻는 데 도움이 된다. 의식해야 할 것은 '저자의 눈'으로 보는 일이다. 자신과 관점이 다르구나 싶어도 일단 저자의 눈으로 책을 읽어보자. 저자의 눈으로 주위를 살펴보자. 그것을 반복하면 관점이 중층적이고 다각적으로 바뀐다. 한 점에 머무르지 않고 두께와 깊이, 넓이를 가진 관점을 가지게 되는 것이다.

예를 들어 일본에서 나고 자란 일본인은 외국인의 가치관을 이해하기 어려운 경우가 많다. 역사나 문화적 배경이 전혀 다르면 가치관이 다른 것은 당연하다. 해외의 문학, 사상서나 역사서를 읽으면 인류에 공통된 보편성을 느낌과 동시에 다른 관점도 느끼게 된다.

미국의 문화인류학자 루스 베네딕트가 쓴 《국화와 칼》이나, 독일인 철학자 오이겐 헤리겔의 《활쏘기의 선》처럼 외국인 저자가 쓴 일본 문화론도 관점을 심화시키는 데 도움이 된다. 외부에서 보고 언어화한 것이니 '다른 관점'이 더 명확해진다. 또한 이즈쓰 도시히코의 《이슬람 문화-그 밑바탕을 이루는 것》처럼 일본인 연구자가 외국의 문화를 해설한 것은 어렵지 않게 관점을 심화시켜준다.

나는 일본이 세계사에 대한 관심이 특히 많은 나라라고 생각한다. 세계사를 공부하려면 고대문명부터 이슬람 세계, 유럽과 미국 등의 방대한 지식을 필요로 하는데, 일본의 고등학교에서는 이것이 필수과목으로 지정되어 있다. 얼마나 깊이 다루느냐는 제쳐 두고서라도 일단 대략적인 줄기는 배우려는 것이다.

이 극동의 나라가 열심히 세계를 배운다면 세계 속에서 균형을 유지하는 역할을 할 수 있지 않을까. 우리는 서양적인 생활을 하고 있지만 기저에는 동양적인 사고방식을 가지고 있다. 즉 서양 제일주의, 구미 중심주의로 사고하지 않는다. 이슬람이나 인도에 대해서도 치우치지 않은 관점으로 바라볼 수 있다.

'이달의 저자'를
만들자

그렇다면 독서를 통해 이러한 깊이를 가지려면 어떻게 읽으면 될까? 종종 '넓고 얕은'이라는 말을 하는데, 가장 좋은 것은 '넓고 깊은' 독서다. '넓고'와 '깊은'은 양립한다. 어느 정도 넓지 않고서는 깊이 도달하기 어렵다. 깊이에는 연결이라는 요소가 존재하기 때문이다.

어떤 일에 대해 깊이 알고 있어도 그 지식 자체만으로는 점일 뿐이다. 하지만 언뜻 무관해 보이는 다른 일에 대해 깊이 알았을 때, 각각의 점이 서로 연결되기도 한다. 점이 연결되면 면이 만들어진다. 그렇게 되면 완전히 새로운 일에 대해서도 쉽게 깊이 알 수 있는 데다, 이미 아는 일도 더 깊이 파고들 수 있다.

한 가지 일을 깊이 알려고 하다가도 흥미가 자연스레 분기되어 제멋대로 넓어지는 면도 있을 것이다. 이렇듯 교양이 있는 사람은 '넓고 깊은' 독서를 하게 된다. 특정 저자를 좋아해 그 사람의 책은 깊이 읽지만, 다른 저자에 대해서는 전혀 모른다고 한다면 얕아질 수밖에 없다. 영역이 좁은 만큼 깊어지지 않는다. 좋아하는 저자의 세계에 흠뻑 빠져들어 작품을 계속해서 읽는 것은 매우 즐거운 일이지만, 그것만으로 끝내버린다면 조금 아쉽다.

그러니 이번 달에 한 사람의 저자에게 빠졌다면 다음 달은 다른 저자에게 빠져보자. 또 다음 달에는 다른 저자의 책을 읽는 식으로 시기별로 확장시키면 좋다. '흠뻑 빠지는 기쁨'을 이동시키는 것이다. 참고로 특정 인물에게 빠졌다고 해서 다른 사람을 깎아내릴 필요는 없다. "엘리트 같은 아무개 작가보다는 낙제생 느낌의 다자이 오사무가 더 낫지" 하고 다른 사람과 비교하며 자신이 좋아하는 저자를 추켜세우는 일은 무의미하다. 그보다 이번 달은 다자이 오사무, 다음 달은 다른 저자라는 식으로 각각 마음껏 빠져보는 편이 낫다.

책으로 이어지는
정신문화의 힘

나는 인간에게 가장 중요한 것은 정신문화라고 생각한다. 정신문화라고 하면 도구나 건축물 등의 물질문화와 대비되는데, 이를 개개인의 마음과도 대비시켜 볼 수 있다.

마음은 누구에게나 있다. 누구든 즐거움, 기쁨, 슬픔, 억울함 같은 마음의 움직임을 매일 느낀다. 그것은 기본적으로 그 사람 고유의 것이다. 누군가가 슬플 때, 자신이 그 사람과 전혀 관계가 없다면 슬프지는 않을 것이다. 공감하는 입장이 아니라면 그 사람의 마음을 헤아릴 수 없다.

그에 비해 사회에서 공유되는 정신이 있는데, 그것이 정신문화다. 가령 인도의 대다수 사람들에게는 힌두교의 정신문화가 공유되고 있으며, 일본의 무사도는 과거 무사들 사이에 공유되었던 정신문화다. 이는 개인의 것과는 다르다. 한 사람 한 사람의 고유한 마음이 중요한 것은 말할 필요도 없지만, 개인의 마음에만 사로잡혀 있으면 보지 못하는 것도 있다.

우리는 누구나 홀로 살아가지는 않는다. 오래도록 계속되는 문화 속에서 살고 있다. 평소에는 좀처럼 의식하지 않을지 모르지만, 자신의 밑바탕에 자리한 정신문화를 파내서 느끼면 강해질 수 있다. 문화를 공유하는 사람들과의 연결을 느끼게 되는 것이다.

정신문화는 독서를 통해 파낼 수 있다. 철학이나 사상서는 물론이고 문학도 적합하다. 문호들은 많은 책을 읽었다. 가와바타 야스나리, 다자이 오사무, 다니자키 준이치로의 독서량은 실로 상당하다. 대량의 독서를 통해 정신문화를 짊어지고 그것을 문학의 형태로 나타내었다.

그러니 다니자키 준이치로의 책 한 권만 읽어도 그 배경에 자리한 수많은 책들이 내게 흘러들어오는 듯한 느낌을 받는다. 물론 저자 고유의 관점도 있겠지만, 배경에 정신문화가 진하게 흐르고 있음을 기억하자.

페이지가
쉽게 넘어가지
않는 독서

도스토예프스키를 경애하는 작가는 많다. 무라카미 하루키는 "내 자신이 작가라는 사실이 허무해질 정도"라고 할 만큼 도스토예프스키의 팬으로 유명하다. 그는 도스토예프스키처럼 여러 세계관과 관점을 하나의 작품에 담고 조합시킨 '종합소설'을 쓰고 싶다고 한다. 특히 《카라마조프가의 형제들》은 반복적으로 읽고 있으며 그가 많은 영향을 받은 책 중의 하나로 꼽았다.

아버지 표도르와 드미트리, 이반, 알렉세이 삼형제, 하인인 스메르자코프가 카라마조프가의 일원들인데 드미트리의 애칭은 미차 혹은 미치카이며, 이반은 바냐, 바냐치카, 알렉세이는 알료샤, 알료세치카로 호칭이 많아서 혼란스럽다. 그 밖에도 약혼자와 친구, 장로 등 매우 많은 인물이 등장하는데, 각각의 인물상과 관계성 등의 전체상을 이해하고 이야기의 줄거리를 좇아가야 한다. 이야기의 주제로 생각할 수 있는 것도 여러 개여서 종교소설, 사상소설로 읽을 수도 있지만 추리소설, 재판소설, 연애소설 등의 요소도 들어 있다.

머리가 아득해지는 느낌이라고? 그 아득함까지 포함해서 독서라고 할 수 있다. 거듭 말하지만 깊이란 종합적인 것이다. 《카라마조프가의 형제들》이 가진 놀라운 깊이는 하나의 주제나 관계성으로 좁혀 단순화시킨 내용으로는 표현하지 못한다.

비단 《카라마조프가의 형제들》뿐만 아니라 깊이 있는 작품은 술술 읽히지 않는다. 한 줄 한 줄을 읽을 때마다 생각하게 되어 좀처럼 페이지가 넘어가지 않을 때도 있다. '이제 얼마나 남았나… 아직도 다 못 읽었네' 하고 몇 번을 확인하게 될지도 모른다. 그런데 이것 역시 독서다.

머리가 아득해지는 느낌마저도 겁내지 말고 깊은 세계로 들어가야 한다. '까짓, 덤벼봐야지' 하고 경의를 담은 무사의 마음과 자세로 앞으로 나가보자.

3장

사고력을 심화시키는
독서법

《어린 왕자》에 등장하는
여우는
어떤 존재인가?

사고를 심화시킬 때 중요한 것은 자신과 연관시켜 생각해보는 일이다. 글을 읽고 '그런 뜻이었구나' 하고 고개를 끄덕이며 끝내는 것이 아니라 '이건 내 경우에 무엇에 해당될까?' '나였다면 과연 어땠을까?' 하고 생각해보는 것이다.

가령 생텍쥐페리의 《어린 왕자》를 읽고 단순히 스토리를 이해하는 것만으로는 사고가 깊어지지 않는다. 왕자가 자신의 별에 남기고 온 장미는 내게 있어 무엇일지, 여우는 어떤 존재일지 생각해볼 때 비로소 사고가 깊어지기 시작한다.

왕자의 작은 별에는 단 한 송이의 장미꽃이 피어 있었다. 열심히 돌보았지만 장미의 변덕스러운 태도와 말에 휘둘리다가 도망치듯이 별을 떠나 여행하는 왕자. '왕의 별'과 '사업가의 별' 등 조금 다른 몇몇 별을 거쳐 지구에

다다른다. 그리고 수천 송이의 장미를 보고는 자신이 특별하게 여겼던 한 송이의 장미가 사실은 수많은 보통의 꽃이었다는 사실을 알고 슬퍼한다.

이때 나타난 여우에게 기분전환 삼아 함께 놀기를 청하지만, 여우는 '아직 길들여지지 않았기 때문에 친구가 될 수 없다'고 말한다. 여우가 말하는 '길들여진다는 것'은 깊은 유대를 갖고, 다른 것과는 다른 존재가 되는 것이었다.

왕자는 여우와의 대화를 통해 자신의 장미는 세상에 하나뿐인 장미라는 것을 깨닫는다. 여우와 헤어질 때가 되자 여우는 "네가 장미를 무엇과도 바꿀 수 없는 존재로 만든 것은 네가 들인 시간이야"라고 말하며 '소중한 것은 눈에 보이지 않는다'는 비밀을 가르쳐준다.

저자인 생텍쥐페리가 작품에 담은 메시지를 읽어내려고 하는 것은 '독해'다. 어른은 권력이나 명예, 돈에 신경을 빼앗겨 정말로 소중한 '관계 맺는 일'을 잊어버리고 산다. 관계처럼 눈에 보이지 않는 가치에 눈뜨면 인생을 풍요롭게 만들 수 있다. 이러한 메시지를 전달하고 있는 것이 아닐까 생각하는 식이다.

그런데 독해에 머물지 말고 한 걸음 더 나아가 자신과 연관시켜 생각해보자. '내게 여우는 옛날에 마음에 남는 말을 해준 친구 ○○였던 것 같아. 좀 성가신 구석이 있어서 매몰차게 대했지만, 좀 더 시간을 들였으면 인연을 만들 수 있었을지도 모르겠어.' 이렇게 생각해보면 이야기의 줄거리를 이해한 것만으로는 도달하지 못하는 깊이가 생기기 시작한다.

책을 읽다가 깜짝 놀라는 부분이 있다면 분명 자신의 경험과 무언가 연관성이 있어서일 것이다. 그것을 제쳐두고 계속 읽기만 하다 보면 자신이 어디서 놀랐는지, 왜 놀랐는지 잊어버리게 된다. 그러니 메모해두자. 직접 책에 적어도 되고 메모장을 이용해도 된다. 그 메모를 단서로 나중에 다시금 사고를 심화시킬 수 있다.

마음이 움직이면
사고도 깊어진다

어떤 장르의 책이든 정보로 읽기만 해서는 사고가 깊어지기 힘들다. 사고가 쉽게 깊어지는 때는 감정이 움직일 때다. 사고력이 있는 사람은 감정을 잘 움직인다. 머리와 마음, 두 가지가 모두 필요하므로 사고력을 심화시키려면 '감정을 실어서 읽기'가 중요하다.

발효학자인 고이즈미 다케오는 발효에 대해 연구하고 심화시켰다. 그는 발효를 사랑해 마지않는다. 발효에 계속 마음이 움직이고, 발효식품은 모두 신경이 쓰이고 발효의 근원이 되는 미생물을 소중히 여긴다.

그런 고이즈미 다케오의 책을 읽으면 '발효란 정말 굉장하구나! 너무 대단해'라는 말이 저절로 나온다. 나는 그의 책을 좋아해서 '고이즈미 다케오의 달'처럼 한 달에 열 권 정도 읽은 적이 있다. 그러자 식사를 할 때마다 발효식품에 대해 이야기하지 않고는 배기지 못했고, 미생물의 작용에 감사하지 않을 수 없었다.

어렸을 때 한 번쯤 《파브르 곤충기》를 읽은 적이 있을 것이다. 읽으면서 '쇠똥구리야, 너 정말 굉장해!' '곤충은 정말 대단하구나!' 하고 흥분하지 않았을까? 파브르의 놀라움과 감동을 그대로 닮아가듯 마음을 움직이며 읽었을 것이다. 이와 마찬가지로 저자의 마음과 하나가 되어 감동하면서 읽으면 된다. 마음이 움직이기 시작하면 사고도 함께 깊어진다.

독서감상문에
담기는
사고의 깊이

　　　　　　사고력을 쓰지 않고 그냥 책을 읽기만
한 경우에는 감상을 물어도 대답하지 못한다. 요약은 가
능하지만 저자가 전달하려던 메시지나 자신과 연결시
킨 소감 등은 한마디도 말할 수 없다.

　사고력이 있는지 없는지는 독서감상문을 보면 알 수
있다. 줄거리만 나열하고 끝나는 독서감상문이 가장 낮
은 수준이고, 그보다 조금 위는 '무엇무엇에 주의해야겠
다고 생각했다'는 식으로 반성으로 끝나는 유형이다. 이
것도 거의 아무런 생각을 하지 않은 경우다. 나쓰메 소세
키의 《마음》을 읽고 '친구를 배신하는 것은 좋지 않다고
생각했습니다'라는 감상을 내놓는다면 전혀 사고력을
쓰지 않았다고 볼 수 있다.

　아무 생각 없이 글자만 보아서는 자신의 사고가 얕은
지 깊은지조차 모른다. 지금 사고의 깊이가 몇 미터쯤 파

고들어갔는지 모르면 더 파려는 동기부여도 되지 않을 것이다. 반면에 지금 깊이 들어가고 있다는 감각이 있는 사람은 계속 파고들게 된다.

그러니 책을 읽으면서 메모를 하자. 메모하는 작업은 깊은 사고를 계속하는 데 도움이 된다. '공감!' '재미있다'는 한마디도 좋고, 자신의 체험과 연결되는 부분은 키워드를 적어도 좋다.

감정이 움직였다면 그 감정을 나타내는 머리글자 같은 마크를 달아놓는 것도 좋으리라. 너무 재미있어서 웃었다면 빙그레 마크, 놀란 부분은 깜짝 놀란 표정의 마크. 읽으면서 얻은 자신의 감촉, 영감을 붙들어놓으라는 이야기다.

사고를
심화시키는
대화

사고는 '움직여야' 한다. 그리고 움직이려면 자극이 있어야 한다. 자기 혼자만의 머릿속에서 생각을 심화시키기는 어렵다. 많은 초등학교, 중학교에서 "지금부터 15분 동안 이런저런 문제에 대해 생각해보세요"라는 식으로 생각하는 시간을 만들기도 하는데, 대개는 처음의 1분밖에 생각하지 않는다. 나머지는 전혀 다른 것을 생각한다. 사고가 막혀버리기 때문이다. 그래서 대화가 필요하다.

어떤 생각에 대해 살짝 다른 생각을 부딪혀보면 다음 생각으로 나아갈 수 있다. 모순을 어떻게든 해결하고자 사고를 활동시키기 때문이다. 대화를 통해 사고를 심화시키는 방법을 만든 이는 소크라테스와 플라톤이다.

대화는 단순한 수다와는 다르다. 대화를 통해 오해를 무너뜨리고 새로운 깨달음을 얻을 수 있다. 소크라테스는 '무지의 지(나는 내가 아무것도 알지 못함을 안다)'로 유명하다. 그는 대화를 통해 '안다고 생각했지만 모르고 있었다'고 깨닫는 것이 중요하다고 여겼다. 안다고 생각하지 않으면 탐구를 지속할 수 있고, 심화시켜나갈 수 있다는 말이다.

사고를 심화시키려면 대화를 하는 것이 가장 좋다. 그래서 책을 읽은 후에는 다른 사람에게 이야기하라고 권하고 싶다. 이야기하기 시작하면 무엇을 말해야 하는지에 대해 사고가 움직이기 시작한다. 상대방이 질문을 하거나 다르게 이해하면 생각은 더 깊어진다. 실제로 해보면 알겠지만 기억이 애매하면 잘 전달할 수가 없다. 상대방이 질문을 던졌을 때 대답하지 못한다면 이해가 부족하다는 뜻이다.

나는 중학생 때부터 책을 읽으면 늘 친구와 이야기를 나누곤 했다. 친구도 같은 책을 읽었으면 함께 감상을 공유했고, 한 명만 읽은 경우 읽은 사람은 책 이야기를 들려주고 읽지 않은 사람은 질문을 하며 대화했다. 아직 다 읽지 못한 책이라도 일단은 이야기부터 하고 보았다. 그

것이 당연한 일처럼 말이다. 그 친구와는 대학, 대학원까지 함께 다녔기 때문에 책을 읽고 대화하는 일은 10년도 넘게 이어졌다.

《죄와 벌》처럼 길어서 중간에 포기할 것 같은 책도 읽으면서 누군가에게 이야기를 해주면 '내 책'이라는 느낌이 들게 된다. 그러면 계속해서 읽을 동기부여가 되고, 사고도 깊어진다.

이야기할 상대가 없다면 리뷰를 찾아 읽어보자. 요즘은 인터넷으로 검색만 하면 수많은 감상을 찾을 수 있다. 자신과 같은 감상을 가진 사람의 리뷰를 읽으면 '그렇지, 맞아 맞아' 하고 생각을 확인할 수 있고 반대로 '그건 몰랐네' '과연 그렇게 바라볼 수도 있구나'라며 새로운 관점을 깨닫기도 한다. 리뷰 중에는 '아니, 그건 아니지' '이건 좀 가벼운 감상인 것 같아' 하고 반론하고 싶어지는 것도 있다. 반론한다는 것은 사고가 움직이고 있다는 증거다.

나는 리뷰를 많이 읽는데 전문서 등을 아주 깊게 파고든 사람의 리뷰를 발견할 때가 있다. 그런 리뷰를 보면 마치 비평이나 해설을 읽는 듯하다. 인터넷상의 글에는 옥석이 섞여 있다고 하는데, 정말로 옥의 가치를 가진 글도 있다. 돌 같은 글도 '그건 아닌 것 같아' 하고 반론할 수 있으니 책을 혼자서 읽고 끝내는 것보다는 사고를 심화시킬 수 있을 것이다.

독서 후
짧은 카피를
써보자

독서감상문을 쓰라고 하면 왠지 부담스러운 느낌이 드는 사람이 많을 것이다. 그렇다면 다른 사람들에게 추천하는 짧은 문구를 생각해보는 것은 어떨까?

최근 초등학교에서는 책의 소개 문구를 쓰는 수업이 이루어지기도 한다. 아직 그 책을 읽어보지 않은 사람에게 '읽어보고 싶은 마음을 불러일으키는' 소개 문구를 쓰는 것이다. 감상문보다는 카피에 가까운 느낌이다.

요즘 젊은이들은 카피 같은 짧은 문장을 잘 만들고 재미있게 생각해내는 것 같다. 긴 글을 쓰는 데는 부담을 느끼지만 SNS 덕분인지 짧은 문장을 만드는 데는 익숙하다.

다만 짧은 문장으로 책의 매력을 충분히 전달하기란 쉽지 않은 일이다. '재미있음. 꼭 읽어보시길'이라는 문구로는 당연히 매력이 전달되지 않는다. 그 책이 가진 의미를 문장으로 나타내야만 한다. 그러려면 누구에게 추천하는 책인지, 어째서 그런지, 이 책을 읽으면 어떻게 달라지는지, 자신에게는 어떤 가치가 있었는지 등을 생각할 수밖에 없다.

'꿈과 목표를 향해 노력하는 사람에게 추천하는 책. 잊고 있던 소중한 것은 없는가?'

'인연이란 단순한 교류가 아니라, 투자할 시간과 책임이 뒤따르는 것임을 알려준다. 눈에 보이지 않는 것의 가치를 다시금 일깨워준 책.'

한 권의 책이라도 추천 문구는 가급적 많이 써보자. 처음부터 이거다 싶은 것을 써내려고 하지 말고, 약간 어설퍼도 많이 써낸 후에 고르는 작업이 훨씬 편하다. 일단 써보기 시작하면 그것에 자극을 받아서 다른 문장이 떠오르고, 사고를 심화시킬 수도 있다.

나는 책의 띠지에 담을 카피를 의뢰받기도 하는데, 대개 20가지 정도의 안을 낸다. 10가지 정도 쓰다 보면 멈춰지지 않아서 결국은 20개가 되어버리기 때문이다. 사고가 회전하기 시작하면 여러 가지 아이디어가 솟아나는 법이다.

추천 문구를 생각했다면 트위터 등의 SNS에 올려보는 것도 좋다. 그곳에서 또 다른 대화가 생겨날지도 모를 일이다.

좋아하는
문장을
3개 골라보자

그 책이 자신에게 어떤 가치를 가지는
지, 무엇이 매력적인지를 생각할 때 가장 간단한 방법은
책에서 '좋아하는 문장을 고르는 일'이다. 나는 '좋아하
는 문장을 3개 고르라'고 자주 이야기한다. 좋아하는 문
장을 3개 고르겠다는 마음으로 책을 읽어보자. 그러면
그냥 밋밋한 느낌의 독서가 아니라, 마치 책에서 튀어나
오는 듯한 문장을 만나게 된다.

나는 초등학생을 가르치는 교실을 운영할 때도 괴테
나 셰익스피어 등의 글로 이런 작업을 시도했다. 어려운
부분도 있지만 초등학생들은 글을 읽고 나름대로 3개의
문장을 골랐다. 그것을 서로 발표하며 선정한 이유에 대
해 들어보면 분위기가 고조된다. 2명이 한 팀을 이뤄 서
로 이야기를 나누게 하면 끝이 나지 않는다.

이때 이미 사고는 상당히 깊어진 상태여서 모두들 훌

사고력을 심화시키는 독서법

룡한 코멘트를 내놓는다. '셀렉트&코멘트'. 좋아하는 문장을 고르면 되니 간단하다. 게다가 그런 것 치고는 사고가 꽤 깊어진다.

저자의 말에
딴지 걸기

책과 조금 거리를 두면서 사고력을 활용해 독서를 하려면 저자에게 '훈수'를 둬보기를 권한다. 마치 개그맨들처럼 "그게 말이 된다고 생각해?" "그만 좀 해!" 하고 웃으면서 딴지를 거는 식이다.

니체의 최후의 작품인 《이 사람을 보라》를 읽으면서 '왜 나는 이토록 현명한지'라는 대목에서는 '그만 좀 해!', '왜 나는 이토록 좋은 책을 쓰는지'라는 대목에서는 '그만 좀 하라고!', '책을 읽는 것, 그것을 나는 악덕이라고 부른다!'라는 대목에서는 '말이 너무 심하잖아' 하고 딴지를 거는 것이다.

마키아벨리의 《군주론》을 읽으면서 '가해 행위는 단번에 해치워야 한다'라고 나올 때 '그렇지, 맞아. 그런데 단번에? 지독하군', '이와 반대로 은혜는 사람으로 하여금 더 잘 맛볼 수 있도록 조금씩 베풀어야 한다'라고 하면 '그래, 그런데 조금씩 베풀라니 뭔가 음흉한 느낌이 들잖아!' 하고 상황에 빠져들어 훈수를 가미해보는 것이다.

위대한 저자 중에는 극단적인 사람도 많으므로 그렇게 살짝 거리를 두고 훈수를 섞어 유쾌하게 읽는 것도 괜찮다. 그렇게 하면 저자의 글을 일방적으로 흡수하기만 하는 것이 아니라, 스스로 판단하면서 읽을 수 있다.

《햄릿》 역시 햄릿의 고뇌에 자신을 이입하면 심각해질 수 있지만, 살짝 거리를 두고 읽으면 '너 정말 생각이 지나치다' 하고 웃으며 훈수를 둘 수 있다. 오필리아에게 갑자기 수도원으로 가라니 '햄릿, 이건 아니잖아!'라는 식으로 말이다.

웃는다는 것은 감정이 움직이고 있다는 증거다. 웃으면서 책을 읽으면 독서 자체가 즐겁고 마음에도 남는다.

사고의 회전 속도를
빠르게 하는
'예측하며 읽기'

또 한 가지, 사고 회전에 좋은 독서법은 앞으로의 전개를 예측하면서 읽는 것이다. 다음 문장은 이렇게 시작하겠지, 이후에는 이런 전개가 펼쳐지지 않을까 하고 생각해보자. 이것 역시 머리를 써야 한다. 그저 당연한 듯이 고개만 끄덕이며 읽는다면 결국 아무것도 생각하지 않으니 남는 것도 없다.

명저라고 일컬어지는 책은 대개 우리의 예상을 뒤엎는다. 무엇을 상상하든 그 이상을 보여주는 것이다. 그러면 '하아, 그렇게 전개되는구나. 굉장해' 하며 감탄하게 되고 사고도 심화되기 쉽다.

무라카미 하루키의 소설도 역시나 스토리텔링이 능숙하고 예상을 뒤엎는 느낌을 준다. 물론 무조건 예상을 뒤엎는 것이 좋다는 이야기는 아니다. 하루키의 작품을 상당히 깊이 읽는 사람은 점차 뒤를 예측할 수도 있을 것이다. '역시 내 생각대로였어!' '이건 데자뷔야!' 싶은 생각에 기쁜 마음도 든다. 설정이 달라도 일종의 패턴, 스타일을 알고 있으니 예측이 가능하다.

예상대로 전개되어도 반갑고 예상을 뒤엎어도 반갑다. 저자를 존경하면 그런 독서가 가능하고, 또 거꾸로 그렇게 책을 읽다 보면 저자가 존경스러워진다.

어린 시절, 동화책을 보던 때는 페이지가 한 장 한 장 넘어갈 때마다 '이제 무슨 일이 일어날까?' 하고 설레는 마음으로 기대하곤 했다. 다음 내용을 예상하면서 페이지를 넘기는 순간의 두근거림. 그것이 계속해서 책을 읽게 만드는 힘이자 사고를 회전시키는 힘이다.

1.《방법서설》데카르트

'나는 생각한다. 고로 존재한다'는 유명한 말이 등장하는 책이다. 우리가 이성을 중심으로 살아간다는 사실과 이러한 이성을 무기로 진리를 탐구하기 위한 방법을 이야기하고 있다. 데카르트는 진리에 다가가는 사고 방법을 간명하게 하고자 네 가지 규칙을 만들었다.

첫째, 명증明證성의 규칙이다. 명증하게 참으로 판명된 것 외에는 그 어떤 것도 참으로 받아들이지 말라는 것이다. 둘째, 분해의 규칙은 검토해야 할 규칙을 될 수 있는 한 작은 부분으로 나눠 분석하라는 것이다. 셋째, 종합의 규칙은 계단을 오르듯 단순하고 쉬운 것에서 시작해 차곡차곡 사례를 종합해 진리에 도달하라는 것이다. 넷째, 열거의 법칙은 하나도 빠뜨리지 않았다는 확신이 들 때까지 완벽한 열거와 검사를 하라는 의미다. 그는 이 네 가지 규칙으로 생각하는 것을 습관화하고 단련했다. 여기에 이르기까지의 정신 과정도 솔직하고 성실하게 이야기하고 있다는 점이 좋다. 쉽게 읽히지만 혼이 담긴 책이다.

2. 《논리철학논고》 비트겐슈타인

명제라는 사상 스타일이 멋지다. 비트겐슈타인은 이 책에서 '사고에 경계선을 긋고자 한다'고 말했다. 경계선을 그을 수 있는 것은 언어이며, 경계선의 바깥쪽에 있는 것은 난센스다. 내 언어의 한계가 내 세계의 한계라는 말이다. '이야기할 수 없는 것에 대해서는 침묵할 수밖에 없다'. 보통의 책처럼 장이나 절로 나뉘어져 있지 않고, 짧은 명제 하나하나에 숫자가 달린 색다른 서술 방법을 쓰고 있어 언뜻 봐서는 당황스러울 수도 있다. 하지만 이런 글쓰기도 비트겐슈타인의 사고 프로세스에 따른 것이다.

3.《오륜서》미야모토 무사시

일본의 검호 미야모토 무사시가 60세에 엮은 마음과 기술과 몸의 최고 경지인 융합으로 가는 길. '만리일공 萬里一空'의 경지에 다다르려면 '단련'과 '공부'와 '음미'가 있을 뿐이다. 그저 반복적으로 연습하는 것이 아니라 공부와 음미를 통해 질을 높여야 한다. 병법의 비법서인 《오륜서》는 알기 위해 읽는 것이 아니라, 이 책의 내용을 하나씩 익히고 단련하기 위한 것이다. '박자(타이밍)'에 대해서 예를 들자면, 무사시는 박자에 어긋나는 것이 가장 좋지 않으므로 박자를 단련하라고 말한다. '부딪치는 박자' '쉬어가는 박자' '등지는 박자'. 박자를 개념화시켜 파악하고 습득해야 할 기술로서 제시한다. 달인의 인식력에 감명을 받게 될 것이다.

4.《풍자화전》제아미

'노能'라는 예술을 통해 일족이 치열한 세계에서 살아

남기 위해 비밀리에 전수된 글. 간아미, 제아미 부자는 쇼군과 귀족들의 마음에 드는 것은 물론이고, 동시에 일반인들에게도 기쁨을 줄 수 있는 것을 지향했다. 즉 수준이 높으면서도 대중적으로 받아들여지는 예술이다. 이는 현대에도 통하는 내용이므로 우리 자신과 연결시켜 생각해볼 수 있다. 쉽게 읽히는 책은 아니지만, '감추면 꽃' '초심을 잊지 말라' 등의 유명한 말을 발견해 내 것으로 만들겠다는 마음으로 읽어보면 좋다. 문화를 짊어진 인간이 정열을 쏟아 집필한 비전서인 만큼 막대한 양의 에너지가 느껴진다.

5. 《이 사람을 보라》 니체

니체의 마지막 저서이자 자서전. 목차부터가 굉장하다. '왜 나는 이토록 현명한지' '왜 나는 이토록 영리한지' '왜 나는 이토록 좋은 책을 쓰는지' '왜 나는 하나의 운명인지'. 지금까지의 사상과 저작에 대해 니체 자신이 해명하고 있다. 극단적인 표현에서는 위험을 무릅쓰면서 시대와 맞섰던 기개를 엿볼 수 있다. 니체는 이 책을 집필하고 1년 후에 정신적으로 파국을 맞이하는데, 그 스트레스가 절실히 전해진다. 말에 힘이 넘친다.

6.《군주론》마키아벨리

현대의 경영자나 리더들도 즐겨 읽는 책. 덕이 높은 이상적인 군주상을 이야기하기보다는 현실에 입각해 구체적으로 무엇을 해야 할지 조언하고 있다. 합리적이고 실제적인 마키아벨리의 생각은 현대의 자신의 상황에 빗대어 읽어보면 힌트가 가득하다. '가해 행위는 단번에 해야 한다. 반면에 은혜는 조금씩 베풀어 천천히. 맛보게 해야 한다'는 조언 등은 지배술 같아서 씁쓸하게 느껴질지 모르지만, '혼을 낼 때는 단번에 내야지 어영부영 끌지 말라'는 뜻으로 읽으면 될 것이다.

7. 《향연》 플라톤

소크라테스의 대화를 글로 남긴 플라톤의 저작 중에서도 특히 수월하게 읽히는 것이 바로 《향연》이다. 제목인 향연은 먹고 마시면서 이야기를 즐기는 것으로, 말하자면 '술자리'다. 게다가 여기서의 주제는 연애다. 말 잘하는 사람들이 사랑의 신 에로스에 대해 이야기하는데, 그 자리를 이끄는 이가 바로 소크라테스다. 그는 참가자들에게 질문을 던지고 논점을 모은다. 그러면서 사랑의 본질에 다가가고자 한다. '지'를 사랑하는 것이나 '무지의 지' 등의 근간적인 철학에 대해서도 접할 수 있고, 소크라테스의 인물됨도 엿볼 수 있으니 처음 읽는 소크라테스의 책으로 추천할 만하다.

8. 《역사란 무엇인가》 E. H. 카

'역사란 현재와 과거의 대화'. 저자 카의 역사철학 정신이다. 역사가는 과거의 사실을 연구하지만, 옛 문헌에

적힌 사실의 해석에는 어쩔 수 없이 '현재에 갖는 의미'가 들어간다. 역사적 사실이라고 해도 사실 그 자체가 아니라는 이야기다. 카의 역사철학에는 '미래'까지 들어온다는 점에서 굉장하다. 현재는 시간과 함께 미래에 잡아먹히고, 그와 더불어 과거도 모습을 바꾸며 의미도 달라진다. 즉 완성은 없는 셈이다. 고도의 철학이지만 케임브리지대학교에서 진행한 강연록이라서 잘 읽힌다.

9. 《푸코, 바르트, 레비스트로스, 라캉 쉽게 읽기》 우치다 타츠루

20세기의 중요한 현대사상 중 하나인 구조주의에 대해 철학적으로 알기 쉽게 해설한 입문서. 구조주의의 대표적인 사상가는 소쉬르, 자끄 라캉, 레비스트로스, 미쉘 푸코 등이다. 구조주의의 사상 자체는 복잡하고 난해하지만, 이 책은 책장이 수월하게 넘어간다. 깊이를 유지하면서도 이해하기 쉬운 글을 보면 어째서 입시 문제에 자주 등장하는지도 납득이 된다. 비단 이 책뿐만 아니라 우치다 타츠루의 책을 읽으면 자신의 머리로 생각해나가는 자세에 자극을 받는다.

10. 《생각에 관한 생각》 대니얼 카너먼

심리학자이자 노벨경제학상을 수상한 대니얼 카너먼이 쓴 행동경제학 책. 우리가 얼마나 사소한 것에 이끌려 잘못된 판단을 하는지 철저하게 해명했다. 직감이나 감정처럼 자동적으로 발동하는 빠른 사고모드와 의식적으로 노력해서 발동시키는 느린 사고모드, 이 두 가지가 존재한다는 것을 전제로 설명하는데 두 사고모드 모두 틀릴 때가 있다고 한다. 카너먼은 연구결과를 더듬어가면서 독자들에게 질문을 던진다. 당신은 이것을 어떻게 판단하겠는가? 분량이 만만치 않으므로 포기하고 싶은 마음이 든다면 하권에 있는 '전망(프로스펙트) 이론'만이라도 읽어보기를 권한다.

4장

지식을 심화시키는
독서법

지식을 가질수록
세계가 넓어지는
이유

　　　　　　　자신에게 자연과학계의 지식이 부족하다고 생각한다면 그와 관련된 책을 적극적으로 읽으면 좋다. 지식과 인식은 한 몸이라고 할 수 있다. 지식 없이 머리만 단련하려고 해봐야 쉽지 않다. 둘은 지식이 늘어나면 인식력도 높아지는 관계에 있다.

인문계열을 공부한 사람은 자연과학계의 책에 좀처럼 손이 가지 않을지도 모른다. 이과계열을 공부한 사람은 인문계열의 내용에 별다른 장벽이 없지만, 인문계열은 이과계열의 책이나 내용을 어렵게 여기는 경우가 많다.

하지만 인문계열 사람들은 '책을 읽을 수 있다'는 강점을 갖고 있다. 이과계열의 내용이라도, 언어로 구성된 책이라는 점에서는 다르지 않다. 수식數式은 그냥 건너뛰더라도 전체를 읽고 파악하는 데는 문제가 없다.

인문계열의 사람은 '책을 읽을 수 있으니 모든 분야를

망라할 수 있다'고 생각하면 된다. 우주, 생명, 물리 등 자연과학의 지식을 손에 넣으면 세계가 단숨에 넓어진다. 미세한 세계도, 거대한 세계도 놀라움과 감동으로 가득하니 인생관조차 달라질지 모른다.

지금은 이과계열의 지식을 이해하는 데 도움이 되는 뛰어난 해설서가 많이 나와 있다. 뉴턴의 물리학을 알기 위해 반드시 《프린키피아》를 읽을 필요는 없다. 인문계열의 서적은 고전의 위력이 굉장하지만, 이과계열의 서적은 시대와 더불어 계속 발전하고 있다. 어린이용 과학 서적 중에도 재미있는 책이 많다.

지금 일본의 초등학교, 중학교에서는 '이과 독서활동'이 전개되고 있다. 과학과 친해지고 적극적으로 이과를 공부하려는 의욕을 길러주기 위해 이과계통의 독서를 권하는 활동이다. 다카카와 요지의 《이과 독서를 시작하자》에는 학교 도서실이나 지역 커뮤니티 내의 이과 독서 사례와 더불어 추천하는 과학 책이 소개되어 있다. 아이들에게 권하는 책이니 별로 어렵지 않으면서도 충분한 깊이가 전해진다.

미야케 야스오의 《공기의 발견》을 예로 들어보자. 이 책은 산소와 일산화탄소 등 기체의 발견에 대한 이야기를 하고 있다. 하늘은 어째서 푸른가? 공기 중에 암모니아가 들어 있는 이유는 무엇일까? 이렇게 우리 생활 속의 의문을 어렵지 않은 문장으로 풀어낸다.

《라이트 형제는 어떻게 날았을까?-종이비행기로 알아보는 성공의 비밀》(도사 사치코)은 실제 종이비행기로 실험하면서 공기보다 무거운 물체가 하늘을 나는 원리를 배우는 책이다. 라이트 형제의 아이디어와 성공의 과정을 추적하고 체험하면서 과학을 대하는 자세를 느낄 수 있어서 좋다.

본격적인 명저로 이끌어주는 가이드가 필요하다면 교토대학의 가마타 히로키 교수가 쓴 《세계를 움직인 과학의 고전들》을 읽어보자. 갈릴레오의 《별의 소식》에서부터 윅스퀼의 《생물로부터 본 세계》, 플리니우스의 《자연사》, 왓슨의 《이중나선》 등의 명저가 어떤 상황에서 쓰이고 세계에 어떤 영향을 주었는지 알기 쉽게 소개하고 있다.

나 역시 《문과생들을 위한 이과 독서술》이라는 책을 낸 적이 있다. 즐겁게 읽으면서 과학적 지식을 쌓을 수 있는 소설, 만화부터 시작해 세기의 발견을 추적한 다큐멘터리, 고전적 명저까지 폭넓게 50권 정도를 소개했다. 이러한 가이드를 참고로 스스로의 자연과학 세계를 넓혀보면 어떨까?

'놀라는 것'이
시작이다

아인슈타인이라는 이름을 들으면 가장 먼저 무엇이 떠오르는가? 혀를 내밀고 있는 익살스러운 사진이 연상되는 사람도 많을지 모르겠다. 그는 상대성이론 등 기존 물리학의 상식을 크게 바꾼 위대한 이론을 내놓은 천재다.

세계에서 가장 유명한 방정식 $E=mc^2$는 아인슈타인의 특수상대성이론에서 발표된 것이다. 이 방정식의 중요성은 모두 알고 있는데, 그렇다면 그것이 의미하는 바는 무엇일까?

《$E=mc^2$》라는 책이 있다. 이 책의 서두에는 한 영화 잡지에 실린 카메론 디아즈의 인터뷰 내용이 실려 있다. 무언가 알고 싶은 것이 있냐는 질문을 받은 그녀가 "$E=mc^2$가 도대체 무엇을 뜻하는지 알고 싶다"고 대답했다는 이야기다. 인터뷰어와 디아즈는 함께 웃었지만,

지식을 심화시키는 독서법

기사는 그녀의 "진심으로요"라는 말로 마무리되었다고 한다.

과학저널리스트인 데이비드 보더니스는 $E=mc^2$의 전기를 쓰기로 마음먹었다. 그렇다. 아인슈타인의 전기가 아니라 이 방정식의 전기다. 방정식이 어떻게 탄생했고 어떻게 사용되어 왔는지를 아인슈타인을 비롯해 여러 과학자, 연구자의 이야기와 함께 써낸 책이다.

이 짧고 간결한 식의 배후에는 굉장히 깊은 세계가 자리하고 있다. 이 식을 간단히 설명하면 에너지(E)는 질량(m)이라는 의미다. c는 빛의 속도를 말한다. 빛의 속도는 일정하며 1초 동안 지구를 일곱 바퀴 반을 돈다. 이 것의 제곱이라니 굉장한 수라는 것을 알 수 있다.

즉 작은 질량이라도 막대한 에너지를 품고 있다는 뜻을 나타내는 식이다. 이것으로 인해 아무도 몰랐던 태양의 수수께끼가 풀렸다. 어째서 이토록 계속 열을 낼 수 있는지 말이다. 핵융합을 통해 적은 질량을 막대한 에너지로 바꾸고 있는 것이 태양이다.

원자폭탄도 그렇다. 원자폭탄은 원자핵을 분열시켜

질량을 줄이고, 그에 상응하는 양을 방대한 에너지로 바꾼 것이다. 그토록 무서운 식이기도 하다. 평화주의자였던 아인슈타인은 우라늄의 핵분열이 발견된 후로 자신의 식이 무서운 무기가 될 수 있다는 사실을 깨닫고 두려워했다.

이 책을 읽으면 우주의 본질을 파악하고 단순한 식으로 나타내어 응용할 수 있도록 한 인간의 지성에 경탄하지 않을 수 없다. 이 얼마나 굉장한 일인가.

하지만 $E=mc^2$에도 놀라지 않는 사람이 있다. "그래서 뭐? 뭐가 뭔지 하나도 모르겠는걸" 하고 단언해버리는 사람. 수식이 등장한 시점에서 이미 "나한테는 어려워"라며 알려고 들지 않거나 "《겐지 이야기》? 옛날 책은 재미없어" "x축이나 y축 같은 거 몰라도 사는 데 아무 지장 없잖아" 하고 깊이 빠져보려고 하지 않는 사람. 실례되는 표현이지만 이것은 '교양 없는 인간이 행하는 예의 없는 태도'다.

놀라운 일에 놀라는 것은 교양이 있어야 가능하다. 지식과 교양이 풍부한 사람은 더 이상 놀랄 일이 없을 것이라 생각할지도 모르지만, 그 반대인 셈이다. 알면 알수록 마음 깊이 놀랄 수 있다. 지식이 없으면 무엇이 굉장한지 모르니 마음에 와닿을 리가 없다.

플라톤은 《테아이토스》에서 소크라테스에게 '놀란다는 것, 경이의 정이 지知를 탐구하는 시작. 즉 철학이다'라고 말하도록 했다. 놀라워하고 심화시켜가는 것이야말로 인간다운 행위가 아닐까.

지식은
세포분열하듯
늘어난다

독서를 통해 지식을 심화시키려고 할 때, 처음에는 좀체 지식이 늘지 않는다고 느낄지도 모른다. 책을 읽었는데도 머릿속에 제대로 남지 않으면 '과연 내가 책을 읽는 의미가 있는 걸까?' 하고 허무하게 느껴지기도 한다. 하지만 '나는 바보인가 봐'라며 비관할 필요는 없다.

지식이 어떻게 늘어나는지에 대해 생각할 때 보통은 10의 노력을 하면 10이 늘어나고, 20의 노력을 하면 20이 늘어나는 식으로 정비례하는 그림을 생각한다. 하지만 내가 느끼기에는 그렇지 않다. 지식은 세포분열하듯 배로 늘어나는 것 같다. 1이 2가 되고, 2가 4가 되며, 8, 16, 32, 64, 128…. 처음에는 큰 차이가 없어 보이지만, 이것이 쌓이면 쌓일수록 큰 차이를 낳는다.

독서도 처음에 20권, 30권쯤 읽는 동안에는 지식이

별달리 늘어나지도 않고, 읽기 힘들게 느껴질 것이다. 열심히 세포분열을 하고 있지만 '아직 세포가 16개밖에 안 되는 거야? 이걸로는 인간이 못 돼'라는 상태다. 하지만 어느 지점에 도달하면 갑자기 지식을 급속도로 흡수하는 듯한 느낌이 든다. 알고 있는 것이 늘어나니 새로운 지식도 원활하게 들어온다.

이미 아는 것은 확실한 지식으로 정착되고, 새로운 지식과의 '연결'도 눈에 들어온다. '아, 그거랑 같아' '여기서 이어지는구나' 하고 이해되는 것이다. 지식이 계속 연결되니 가속도가 붙어서 빠른 속도로 늘어난다.

아무것도 모르는 분야에 대해서는 열심히 책을 읽어도 쉽게 머리에 남지 않는 법이다. 어느 정도 기초적인 지식이 있으면 새로운 이야기도 따라갈 수 있다. 1,000권의 책을 읽은 사람이 1,001권째 책을 읽을 때는 빠르게 읽히고 지식도 남는다. 100권을 읽은 사람이 101권째 책을 읽을 때보다도 가성비가 좋은 셈이다.

한 가지 주제에 대해
5권만 읽어도

어떤 주제에 대해 알고 싶은 경우, 관련 도서를 연속해서 5권 정도 읽으면 상당 부분의 지식을 얻을 수 있다. 나는 한 사람의 연구자, 학자에 대해 대개 5권 정도의 책을 연달아 읽는다. 그러면 5권째의 책을 읽을 무렵에는 똑같은 이야기를 되풀이하는 것처럼 느껴진다. 그만큼 내게 지식이 정착되었다는 뜻이다.

전혀 모르는 분야의 책은 1~2권 읽는다고 해서 머리에 잘 남지 않는다. 이해하지 못하는 부분도 많을 것이다. 그렇다고 한 줄 한 줄 이해하려고 하다가는 진도가 나가지 않아 좌절하게 된다. 그보다는 80퍼센트는 잊어버려도 된다는 가벼운 마음으로 전체를 일독하는 것이 좋다. 다 읽은 후에는 같은 저자의 다른 책을 읽어보자.

이렇게 반복하면 된다. 같은 책을 두 번 읽는 것도 좋지만, 지겨울 수 있으니 다른 책을 읽기 바란다. 그렇게 페인트를 덧바르는 것처럼 지식을 쌓으면 된다. 처음에는 적당히 해도 괜찮다. 페인트칠이 거듭되면 분명 페인트가 진해질 테니 말이다. 이 페인트를 덧바르는 방식을 통해 지식이 쌓이면 '잘 아는 사람'이 된다.

신서는 지식이 간결하게 정리되어 있어 매우 편리하다. 그런 신서를 5권만 읽어도 아무것도 모르는 C등급에서 꽤나 상세히 아는 A등급으로 올라갈 수 있다. 2권만 읽어도 조금은 아는 B등급이 된다. 아주 잘 아는 S등급이 되려면 20권 정도는 읽어야 한다. 연구자라면 2,000권은 읽어야 할지도 모르지만, 일반인을 기준으로 한다면 20권만 읽어도 S등급이다.

가령 중동팔레스타인 문제에 대해 20권의 책을 읽는다고 생각해보자. 1~2권을 읽는 사람은 많겠지만, 20권을 읽는 사람은 매우 드물다. 그러니 그 정도로 읽으면 아주 잘 아는 사람이 된다. 우주의 암흑물질에 관한 신서 5권, 블랙홀에 대한 신서 5권, 우주론에 대한 신서 5권을 읽으면 우주에 대해서는 꽤 아는 사람이라고 볼 수 있다.

나는 그런 식으로 한 가지 주제별로 읽은 책을 정리해서 책장 상자에 담아 두었다. 사각 블록형의 책장인데 한 상자당 20~30권의 책이 들어간다. 주제별로 넣어두면 되니 찾기도 수월하다. 예를 들면 '이건 후쿠자와 유키치에 관한 것, 저건 중동 문제에 관한 것' 하고 넣어두는 식이다. 이렇게 잘 아는 분야의 상자를 늘려간다는 느낌으로 해보면 된다.

지식을 심화시키는 독서법

맥락과
연결의
중요성

　　책을 읽고 지식을 자신의 것으로 만들려면 읽은 내용에 대해 다른 사람에게 이야기하는 것이 제일 좋다. 마치 자신이 발견한 것처럼 생생하게 감정을 실어서 이야기하라. 그러면 지식은 확실히 정착되어 자유자재로 사용할 수 있게 된다.

　아무리 아는 것이 많아도 아무에게도 이야기하지 않고 사용하지도 않는다면 '꿰지 않은 구슬'에 불과하다. 지식은 다른 사람에게 이야기하고 사용했을 때 빛나는 법이다. "과연 잘 아시는군요" "지식이 대단하네요"라는 말을 들으면 그것이 지식을 더 심화시키는 원동력이 되기도 한다.

　지식을 사용하려면 '맥락'이 중요하다. 맥락에 맞춰 다양한 지식을 꺼내보자. 책 속의 에피소드를 하나씩 이야기하면 대화의 분위기도 무르익는다. 이야기의 흐름을 타면서 자연스러운 형태로 책에 대한 화제를 꺼내고, 그것을 또 다음으로 연결시키면 된다. 그렇게 지식을 잘 꺼내는 사람이 '지식 있는 사람'으로 평가받는다.

지식이 얕은 사람은 하나하나의 지식이 제각각 외딴 섬처럼 떨어져 있어 잘 연결되지 않는다. 연결되지 않으니 맥락에 맞춰 꺼내기도 쉽지 않다. "지금 하던 이야기와는 상관없지만 이 책에는 이런 내용이 적혀 있는데, 이러저러하대. 끝!"이라는 식으로 책 내용을 말해봐야 대화의 맥을 끊고 자신의 지식을 자랑한 것밖에 안 되니 안타까운 일이다.

지식을 잘 꺼내 쓰려면 '연결'을 의식하며 책을 읽는 것이 좋다. 옛날 책을 읽는다면 현대와의 연관성을 생각하라는 뜻이다. 앞에서도 말했지만 자파넷 다카타의 다카타는 제아미의 《풍자화전》과 비즈니스상의 철학의 연결고리를 찾아내 《다카타 아키라와 읽는 제아미》라는 책으로 엮었다. 내가 감수했던 《어린이 손자병법》이라는 책은 《손자병법》을 현대 어린이들의 상황으로 연결시키고 있다.

가령 '이익에 맞으면 움직이고, 이익에 맞지 않으면 멈춘다'는 말이 있다. 아군에 유리한 상황이라면 움직이고 불리하면 멈춘다는 뜻으로 '유리함과 불리함'을 가려 움직일지 말지를 판단하라는 의미다. 이것을 《어린이 손자병법》에서는 장래의 꿈에 대해 고민할 때 도움이 되는 말로 소개했다. 무언가를 시작할 때는 자신이 '좋아하는지 아닌지'뿐만 아니라 '유리한지 불리한지'도 생각하자. 옛말이라도 현대의 상황과 연결해 생각하면 살아 있는 지식으로 사용할 수 있다.

또 읽은 책끼리의 연결도 있다. 예를 들어 니체를 읽노라면 괴테와의 연결고리를 찾을 수 있다. 괴테의 《파우스트》에는 '시간아 멈춰라, 너는 참 아름답구나'라는 유명한 말이 나온다. 니체의 《차라투스트라는 이렇게 말했다》에도 '모든 기쁨은 영원을 바란다'는 비슷한 말이 등장한다. 괴테를 존경해 영향을 받았다고 하는 니체이기에 과연 통하는 부분이 있음을 느끼게 된다. 이러한 연결고리를 의식하면서 책을 읽으면 문맥에 맞춰 지식을 잘 꺼낼 수 있다.

베스트셀러를
읽어야 할
타이밍

　베스트셀러나 화제가 되는 책은 유행할 때 읽는 것도 중요하다. 붐을 일으키고 있다는 것은 그 시대의 분위기를 잘 반영한다는 뜻이기도 하므로, 이를 이용하면 지식을 잘 흡수할 수 있다.

　가령 프랑스의 경제학자 토마 피케티의 《21세기 자본》은 2014년에 영어로 번역되어 세계적인 베스트셀러가 되었고, 일본에서도 열풍을 일으켰다. 경제학에서 또 향후의 사회 전체에 있어서 커다란 영향을 주는 책이라는 것만은 틀림없을 것이다.

　그런데 이 책은 두꺼운 데다 내용도 어렵다. 읽으려고 시도했다가 중간에 포기하거나 처음부터 겁을 먹고 슬쩍 들춰보기만 한 사람이 속출하지 않았을까 싶다. 그래서인지 해설서도 많이 나왔고, 서점에는 피케티 코너가 따로 생길 정도였다.

책의 내용 자체가 낡아버리는 것은 아니지만, '어려워 보이니 나중에 읽어야지' '좀 더 지식을 쌓은 후에 봐야지' 하다 보면 붐은 가라앉는다. 이런 책은 제때에 놓치지 말고 읽어두는 편이 당시의 주위 반응과 더불어 지식을 잘 흡수할 수 있다.

어려워서 포기하게 된다는 사람은 핵심 부분만 읽으면 된다. 가장 중요한 부분을 읽고 그것만큼은 이야기할 수 있도록 해두는 것이다. 책에 쓰인 내용을 전부 말하려고 하면 20시간, 30시간도 모자라다. 그렇게까지 할 필요는 없다.

《21세기 자본》은 200년 이상에 걸친 방대한 자산과 소득의 데이터를 분석하고 있으므로, 책의 분량도 늘어날 수밖에 없었다. 이 분석 기법도 높은 평가를 받았는데, 경제학 전문가가 아니라면 이런 분석을 꼼꼼히 읽을 필요는 없다. 물론 스르르 넘기다 보면 '과연 데이터 양이 굉장하구나. 용케도 분석했네' 싶은 생각이 든다.

그리고 가장 중요한 그래프를 찾아라. 피케티가 이 책에서 말하는 핵심은 '일을 해서 돈을 버는 속도보다 돈이 돈을 낳는 속도가 빠르다. 부자는 점점 부자가 되고, 격차는 점점 더 벌어진다. 이대로 가면 절대로 따라잡을 수 없으니 핸디캡을 줘야 한다'는 이야기다. 이를 가장 잘 뒷받침하는 그래프가 있을 테니 그것을 찾아서 앞뒤의 문장을 읽으면 된다. 그러면 피케티의 이야기를 직접적으로 접하는 것이니 자신 있게 "그 그래프 정말 굉장하지? 그걸 보면 그의 이야기를 일목요연하게 알 수 있어" 하고 말할 수 있다.

난해한 책뿐만 아니라 소설이나 만화 역시 화제가 되었을 때 읽도록 하자. 개그 콤비 카라테카의 야베 타로가 쓴 《집주인과 나》라는 만화는 2018년 6월 '데즈카 오사무 문화상'에서 단편상을 수상하며 꽤나 화제가 되었다. 실제로 읽어보니 과연 따스함이 느껴졌고 '집주인과 이런 관계가 되면 좋겠구나' 싶었다. 베스트셀러 열풍을 잘 이용하면 자신의 수비 범위가 아니었던 세계와 만나는 계기를 만들 수 있다.

"난 베스트셀러는 안 읽어"라고 하는 사람도 있는데, 그러면 아무래도 영역이 좁아질 수밖에 없다. 많은 사람들이 읽는 책에는 무언가 좋은 점이 있을 것이라 생각하고 순순히 붐을 즐겨보자. 나는 유행을 타는 것도 지적인 인생을 즐기는 방법 중의 하나라고 생각한다.

우연의 만남으로
지식 넓히기

유행을 이용하는 것 외에도 그냥 '우연한 만남'으로 지식을 넓히는 것도 좋다. 가령 서점에서 우연히 만나게 된 책을 사서 읽는 식이다. 오늘은 두 권의 책을 사겠다는 마음으로 둘러본다. 평소에 자주 찾는 코너뿐만 아니라 다른 코너까지 시선을 돌려보자. 지식을 넓힌다는 의미에서는 가급적 모르는 분야의 책을 읽는 것이 좋다.

오늘은 이 책이 좋겠다 싶은 것을 발견해 구입했다면 당장 근처의 카페라도 들러서 읽어보자. 키워드나 감정을 메모하고 선을 그어가면서 일단 30분이라도 읽어보라. 그렇게만 해도 '아, 오늘은 새로운 지식의 문이 열렸구나' 하고 느낄 수 있다.

'우연히 만난 책 읽기'의 포인트는 우연을 필연으로 바꾸는 힘에 있다. 우연히 눈에 들어온 책이 반드시 명저라는 법은 없다. 읽어보면 취향에 안 맞기도 하고 어렵게 느껴지는 등 '솔직히 잘못 골랐어' 싶은 경우도 있다. 그래도 괜찮다.

무언가 하나라도 지식을 흡수하려는 생각으로 읽으면 한 가지라도 몰랐던 사실을 알게 되고, 이를 통해 생각하게 된다면 그 책은 가치가 있다. 그 한 가지가 계기가 되어 다른 책으로 연결될지도 모른다. 즉 지식의 거대한 바다로 노를 저어 나가는 첫걸음이 될 수도 있는 것이다.

독서삼매경인 나조차도 고른 책 가운데 실제로 '쓰이는 책'은 세 권 중에 두 권 정도다. 한 권은 안타깝게도 나와 그리 인연이 없는 책, 잘못 고른 책이다. 독서 습관이 없는 사람이 마음에 꼭 드는 책을 고르기는 좀처럼 쉽지 않다.

그러니 고르고 골라서 읽으려 하기보다는 우연히 눈에 들어온 책을 읽으면서 지식을 하나라도 더 자신의 것으로 만드는 방법을 사용해보자. 이 책을 '연결고리'의 하나로 만들겠다는 마음으로 읽으면 된다.

다른 사람이 추천해준 책을 순순히 읽는 것도 좋다.

이 책에도 몇몇 추천도서가 있지만 시중에도 북 가이드나 잡지가 있고 인터넷상에도 책에 관한 정보는 가득하다. 좋아하는 비평가나 믿을 만한 사람이 권하는 책을 읽으면 된다.

1976년부터 매년 여름마다 진행되는 '신초문고 100권' 같은 캠페인을 활용하는 것도 좋다. 또 일본 문학뿐만 아니라 해외 고전까지 갖춘 문고로는 이와나미문고, 고단샤학술문고, 고분샤고전신역문고, 치쿠마학예문고 등이 있다. 합리적으로 고전을 접한다는 의미에서 보면 문고가 제일이다. 이런 문고가 책장에 들어차 있으면 그것만으로도 멋지니 일단 구색을 갖춰보면 어떨까?

지식을 심화시키는 독서법

전체상을
한 번에
파악하는 법

심리학이나 뇌의 메커니즘처럼 문자만 보는 것보다는 그림이 있을 때 더 이해하기 쉬운 분야도 있다. 이런 분야는 도해를 통해 전체상을 파악하면 지식이 더 잘 흡수된다. 나쓰메사의 도해잡학 시리즈나 신세이출판사의 철저도감 시리즈 등은 나도 종종 사는데, 가벼운 마음으로 넘겨볼 수 있어서 애지중지한다. '저게 무슨 말이었지?' 하고 돌이켜 보기에도 편해서 지식이 쉽게 정착되는 느낌이다. 산세이도의 대도감 시리즈도 추천한다. 《경제학대도감》《철학대도감》 등은 풍부한 그림과 표를 즐길 수 있다.

자연과학계의 지식이 많지 않은 사람은 어린이용 도감부터 시작하는 것도 좋다. 고단샤의 '움직이는 도감 MOVE'라는 시리즈는 DVD도 있어서 그림과 사진뿐만 아니라 움직이는 모습까지 볼 수 있다. 《우주》편에는 암

흑물질에 관한 것까지 적혀 있는데 최신의 우주의 모습을 즐기면서 배울 수 있다. 이런 도감과 도해 시리즈, 백과사전 형식의 책은 빠르게 넘어간다는 점에서도 좋다.

나는 속독법도 가르치는데, 대부분의 사람들은 좀처럼 속독을 하지 못한다. 순서대로 글자를 따라 눈을 움직이며 읽으므로 시간이 걸릴 수밖에 없다. 책은 한 줄씩 읽는 것이라는 생각이 있어서 전체를 바라보기 어려운 것이다. 하지만 도감은 속독이 가능하다. 전체를 보고 빠르게 페이지를 넘길 수 있다. 시간을 들여서 정성껏 읽는 것도 중요하지만, 빠르게 대량의 정보를 접하는 것 역시 중요하다.

그런 의미에서는 마음에 드는 시리즈를 한 번에 20권, 30권 정도 구비하면 좋다. 한두 권씩 사서 천천히 보는 것이 아니라, 단번에 공격하는 것이다. 그렇게 사놓고 하루에 한 권씩 보면 한 달이면 서른 권이다. 그러면 중요한 주제에 대해서는 대략적으로 파악할 수 있다.

1. 《E=mc²》 데이비드 보더니스

아인슈타인이 발표해 세계적으로 가장 유명한 방정식이 된 $E=mc^2$에 얽힌 논픽션. c는 광속이므로 정수다. 이 식이 의미하는 바는 에너지는 질량으로 변환할 수 있다는 것. 이를 통해 태양이 계속해서 에너지를 낼 수 있는 수수께끼가 풀리고, 또 원자폭탄과 같은 무기의 원리로도 이어졌다는 것을 알 수 있다. 이 식은 현대의 의료기기나 가전제품에도 많이 응용되고 있다. 방정식의 탄생과 실용화에도 여러 과학자들이 관여했는데 그 장대한 드라마 역시 흥미롭다.

2. 《솔로몬 왕의 반지》 콘라드 로렌츠

제목은 솔로몬 왕이 마법의 반지를 끼고 동물들과 대화를 나눴다는 전설에서 따왔다. 저자인 동물행동학자 로렌츠는 반지가 없어도 동물들과 대화를 할 수 있다고 말한다. 이는 동물에 대한 사랑과 관찰을 통해 가능해진다. 로렌츠는 동물을 우리에 넣어 관찰하는 것이 아니라 자유롭게 두고 함께 생활했다. 그 고생담도 재미있다. 아기 새가 가장 먼저 본 것을 부모라고 생각한다는 '각인'에 대한 연구는 로렌츠의 관찰을 통해 밝혀졌다. 놀라움과 감동의 에피소드로 가득한 책이다.

3. 《자본주의의 종말, 그 너머의 세계》
사카키바라 에이스케, 미즈노 가즈오

'더 빨리, 더 멀리, 더 합리적으로'를 행동원리로 삼아온 자본주의가 한계에 다다랐다는 것은 많은 이들이 느끼는 바다. 그렇다면 자본주의가 종언을 맞이한 이후의 미래는 어떤 것일까? 이 책은 자본주의의 역사에서부터 현대의 세계경제, 일본경제에 대해 풍부한 데이터를 기반으로 읽어내고 미래에 대한 제언을 하고 있다. 세계경제의 흐름을 간결하게 알 수 있는 데다 '자본주의는 어디로 향하는가?'라는 주제에 대해서는 저자 두 사람이 대담 형식으로 이야기를 진행하므로 쉽게 읽힌다.

4. 《호모 데우스》 유발 하라리

세계적인 베스트셀러 《사피엔스》의 속편. 인류는 기아, 전염병, 전쟁을 극복하기 위해 갖은 노력을 해왔다. 이 세 가지 과제가 거의 해결된 지금, 인류는 '신으로의 버전 업'에 도전하고자 한다고 역사가 하라리는 말한다. 호모 사피엔스(인간)는 호모 데우스(신)가 되려고 한다. 그 충격의 미래상에서는 지적흥분과 더불어 공포심마저 느껴진다. 유발 하라리 열풍을 타고 당신도 꼭 읽어보기 바란다.

5장

깊이 있는 인격을 만드는
독서법

위대한 사람의
그릇을
접하라

　　　　　독서는 인격을 키우는 데 매우 도움이
된다. 인간적으로 뛰어난 인품을 가진 사람을 '인격자'라
고 말하는데 지식, 사고, 감정, 성격 등을 통합한 개인의
모습이 인격이다. 인간성이라고 바꿔 말할 수도 있겠다.
　공자는 인격적으로 훌륭한 것을 '인仁'이라고 하였다.
그리고 인격이란 '배움을 통해 성숙시키는 것'이라고 생
각했다. 공자 자신도 위대한 인격을 가졌기에 많은 사람
의 사랑을 받았고 《논어》와 같은 글로서 후세에 남았는
데 '나는 많이 배우고 모든 이치를 다 아는 자가 아니다.
나는 오로지 하나의 도로 만사를 관철할 따름이다(一以
貫之 일이관지, 하나로 꿰뚫어져 있다)'라고 말했다. '인'으로 대
표되는 인격을 갖는 것을 평생에 걸쳐 관철하고자 할 뿐
이라는 말이다.
　공자의 제자들은 그의 인격을 직접 접하고 그처럼 자

신들의 인격을 심화시켜 나갔으리라. 가까이에 인격자가 있으면 그 사람의 모습을 통해 많은 배움을 얻을 수 있다. 그리고 배울수록 깊은 인격을 가질 수 있다.

공자는 자신의 사상을 직접 글로 남기지 않았지만, 제자들이 스승과 주고받은 말을 《논어》로 남겼다. 덕분에 현대를 살아가는 우리도 책을 통해 공자의 인격을 접해볼 수 있다.

공자와 같은 인격자냐 아니냐는 차치하더라도 명저라고 일컬어지는 작품을 남긴 저자들이 큰 그릇을 가진 것만은 사실이다. 남들과는 다른 비범함이 있었기에 위대한 작품을 남길 수 있었다고 본다.

후쿠자와 유키치는 《학문의 권장》이라는 매우 좋은 책을 남겼는데 《후쿠자와 유키치 자서전》도 아주 재미있는 책이다. 내가 보기에는 이보다 더 재미있는 자서전이 나올 수 있을까 싶을 정도다. 메이지유신 전후라는 격변의 특별한 시대 배경이 있는 데다, 후쿠자와 유키치의 큰 인격도 매력적이다.

그가 오사카의 데키주쿠에서 수학하던 시절, 열심히

공부해도 좋은 일자리를 찾을 만한 기미가 보이지 않는데 '이렇게 어려운 걸 읽는 사람은 없으니 우리가 읽어줘야겠다'는 기개로 하던 일을 자서전에 쓰고 있다.

여러 서생이 몇 년씩 공부하여 아무리 훌륭한 학자가 되어도 실제의 일자리와는 인연이 없다. 즉 의식衣食에 연이 없다. 연이 없으니 연을 구하는 것을 생각도 못 한다. 그렇다면 무엇을 위해 고학하느냐면 조금도 설명이 없다. 자신의 몸은 어떻게 될지 생각한 적도 없으며, 이름을 구할 마음도 없다. 이름을 구하기는커녕 난학서생이라고 하면 세간에서 나쁜 소리만 들으니 이미 포기하였다. 그저 주야로 고생하며 어려운 원서를 읽고 재미있어 하는 것이니 실로 까닭을 알 수 없는 모습이라고는 하지만, 한걸음 나아가 당시 서생의 마음 깊은 곳을 두드려보면 자발적인 즐거움이 있다. 한마디로 서양일신의 글을 읽는 것은 일본국 사람은 하지 못하는 일이다. 우리들만이 이런 것이 가능하다. 가난하여도, 일이 진척되지 않아도, 거친 옷을 입고 거친 음식을 먹어도, 볼 것도 없는 가난한 서생이지만 지력 사상의 활발하고 고상함만큼은 왕후귀인도 눈 아래로 보이니, 어려울수록 재미있고 고생이 즐거움인 경우였다고 생각된다.

－《후쿠자와 유키치 자서전》 후쿠자와 유치키

어떤가? 이 시원시원한 문장에서 후쿠자와 유키치의 성격이 잘 드러난다. 담백하고 좋은 인간성을 가졌구나 싶어 기분이 좋아진다. 성공하기 위해 배우는 얄팍함이여. 무엇이든 합리적으로 행동하고자 하고, 돈으로 환산해버리는 사고방식으로는 아무리 해도 이 큰 인물의 깊이에 도달할 수 없다.

후쿠자와는 시원시원한 성격이 매력이지만, 섬세함이 매력인 사람도 있다. 예를 들어 시인 나카하라 츄야는 섬세함의 스케일이 크다고 해야 할지, 그의 시를 읽으면 역시 그 인격의 크기에 감동하지 않을 수 없다. 그의 시 〈때 묻은 슬픔에〉는 지금도 인기 있는 대표작이다.

때 묻은 슬픔에

때 묻은 슬픔에
오늘도 가랑눈이 내린다
때 묻은 슬픔에
오늘도 바람마저 세차다

때 묻은 슬픔은
예컨대 여우 가죽옷
때 묻은 슬픔은
가랑눈이 쌓여서 움츠러든다

때 묻은 슬픔은
아무 바람도 기도도 없이
때 묻은 슬픔은
권태 속에서 죽음을 꿈꾼다

때 묻은 슬픔에

애처롭게도 두려운 마음이 들고

때 묻은 슬픔에

할 일도 없이, 해는 저문다……

　　　　　　-《나카하라 츄야 시선》 나카하라 츄야

　여기에 나오는 '슬픔'은 투명하고 아름다운 슬픔이다. 그렇지 않으면 때가 묻을 수 없다. 그 아름다운 슬픔이 더럽혀졌다는 슬픔도 있다. 게다가 그 위에 희고 아름다운 눈이 내린다. 슬픔 하나를 두고도 이렇게 섬세하게 맛볼 수 있는 감성. 내 센티멘털 정도는 아무것도 아니었구나 싶을 것이다.

　시인은 목숨을 걸고 현상과 마주하고, 느끼고, 감동하므로 '보통이라면 몸이 못 견디겠다' 싶을 정도다. 시는 츄야의 존재 그 자체다.

　나는 교육방송의 〈일본어로 놀자〉라는 프로그램에서 가네코 미스즈의 〈나와 작은 새와 방울〉과 〈대어〉 등의 시를 다루는데, 이런 시는 아이들도 매우 좋아한다. 미스즈 시인은 이미 세상을 떠났지만, 말을 통해 그 감성과 혼은 계속 살아 숨 쉰다는 점에서 참으로 대단하다.

다네다 산토카 역시 인기가 있다. 다네다 산토카는 5·7·5의 하이쿠가 아닌 자신의 리듬감을 중시하는 '자유율 하이쿠'를 지은 사람이다. 〈헤치고 또 헤치고 들어가도 끝이 없는 푸른 산〉 〈곧은 길은 외로워라〉 〈어쩔 수 없는 내가 걷고 있다〉 등의 하이쿠로 유명하다. 이런 하이쿠를 계속해서 만들었다니 참 이상한 사람이다 싶지 않은가. 이상한 사람이지만 방랑자로서는 일류라 할 만큼 커다란 인격을 가졌다. 다네다 산토카의 세계를 접하면 어린아이도 제 나름으로는 마음이 움직이는지 재미있다거나 이 구절이 좋다고 말한다. 즉 시대를 초월해 사람들의 마음을 사로잡는 힘이 있다.

시대를 초월한
보편성을
읽어라

오랫동안 사랑받고 전 세계적으로 읽히는 문학은 언뜻 특수한 내용을 적은 것 같아도 분명 보편성이 존재한다. 가령 그리스 비극《오이디푸스 왕》을 생각해보자. 지금으로부터 약 2,500년 전에 만들어진 희곡으로 주인공이 처한 환경은 지금과 전혀 다르다.

테바이라는 나라에 한 남자아이가 태어날 때, '이 아이는 아버지를 죽이고 어머니와 동침할 것'이라는 불길한 신탁을 받는다. 때문에 아버지인 왕은 시종으로 하여금 아들을 버리도록 한다. 버려진 아이를 이웃나라 코린토스의 왕 부부가 주워 오이디푸스라는 이름을 붙인다. 훌륭하게 자란 오이디푸스는 아버지가 받은 신탁과 똑같은 신탁을 받는다. 즉 '너는 아버지를 죽이고 어머니와 동침하게 될 것'이라는 이야기였다.

오이디푸스 자신은 친아버지가 테바이국왕이라는 사

실을 모른다. 키워준 아버지 코린토스왕을 죽이는 일이 벌어져서는 안 된다는 생각에 나라를 떠나기로 하는데, 도중에 만난 테바이왕과 충돌하면서 싸움이 나고 상대방이 누군지도 모르는 상황에서 죽이게 된다. 그 후 오이디푸스는 테바이에 나타난 괴물 스핑크스를 쓰러뜨리고 새로운 왕으로 즉위한다. 그리고 미망인인 왕비와의 사이에서 아이를 낳는다.

여기까지가 이야기의 전제다. 당시의 모두가 아는 신화다. 이 신화를 전제로 오이디푸스가 자신의 출신을 알고 파멸해가는 이야기가 바로 소포클레스의 비극 《오이디푸스 왕》이다.

"테바이의 전왕을 살해한 자를 찾아내 추방하라"는 신탁을 받은 오이디푸스는 그것이 자신인 줄도 모른 채 어떻게든 찾아내려고 한다. 당연히 스스로를 궁지에 몰게 되니, 결국 아내는 자살하고 오이디푸스는 제 눈을 찌르게 된다.

오이디푸스의 인생은 특수할지도 모른다. 하지만 우리는 가혹한 운명을 사는 오이디푸스의 마음에 공감할 수 있다. 그렇기에 '아, 어쩌면 이런 비극이 있을 수가' 하고 마음을 울리는 것이다.

훗날 프로이트는 많은 사람의 마음을 사로잡는 이 이야기에서 모티프를 따서 '오이디푸스 콤플렉스'를 제창했다. 오이디푸스 콤플렉스는 이성의 부모에게 애착을 갖고, 동성의 부모에게 대항심을 느끼는 경향을 나타낸 정신분석 용어다.

> 이 그리스 비극의 효과는 운명과 인간의 의지 사이의 대립이라는 점에 기인하는 것이 아니다. (중략) 그의 운명이 우리의 마음을 울리는 것은 그것이 우리 자신의 운명이었는지 모르기 때문이다.
>
> ─《꿈의 해석》프로이트

오이디푸스의 이야기는 개인적이며 특수한 것이 아니라, 보편적인 것이라는 의미다. 아이가 성장하는 과정에서 아버지(동성의 부모)가 최초의 '적'이 되는 것은 분명하다. '부친 살해' 모티프는 영화 〈스타워즈〉에서도 그렇고 동서고금의 이야기에서 반복적으로 등장한다. 이렇듯 시대를 뛰어넘는 보편성이 깊이를 만든다는 사실을 잘 느낄 수 있을 것이다.

나만의
명언을
찾아라

자신이 고민할 때는 괴롭지만 타인의 고민은 공부가 된다. 문학에는 대개 고뇌하는 사람이 등장한다. 등장인물의 고뇌를 알고 '내 고민은 아무것도 아니었어'라고 느끼거나 고뇌를 뛰어넘을 방법을 알게 되는 일도 많다.

얼마 전에 〈YOU는 뭐하러 일본에?〉라는 TV 프로그램을 보는데, 한 젊은 러시아 여성이 일본에 온 이유에 대해 "다자이 오사무의 《인간 실격》에 영향을 받았기 때문"이라고 말했다. 과거 고독하고 삶이 힘겨웠던 그녀는 《인간 실격》을 통해 살아갈 용기를 얻었다고 했다. 시대와 국경을 초월해 문학이 삶에 영향을 준 예라고 하겠다.

《인간 실격》 자체는 고독하고 괴로운 소설이다. 직접적으로 살아갈 희망이나 용기가 샘솟는 종류의 내용은 아니지만 지금도 많은 젊은이에게 인기가 있다. 주인공 오바 요조는 '인간사'가 무엇인지 몰라 자신 혼자만 별난 것이 아닌지 불안과 공포에 떠는 인물이다. 동시에 어떻게든 인간다운 인간이 되고 싶고, 인간을 믿고 싶어 한다.

그런 오바 요조에게 자신을 투영하고 고뇌에 공감하며 읽는 사람이 많다. 그리고 거의 폐인이 되어버린 오바 요조가 최후에 도달한 '지금 나에게는 행복도 불행도 없습니다. 모든 것은 그저 지나갑니다'라는 경지에서 구원을 느낄지도 모른다.

다자이 오사무의 〈여학생〉이라는 단편소설에는 이런 말이 나온다.

> 내일도 같은 날이 오겠지.
> 행복은 평생 오지 않는다. 그 점은 알고 있다.
> 그렇더라도 '꼭 온다, 내일은 온다'라고 믿으며 자는 것이 좋겠지.
>
> —〈여학생〉 다자이 오사무

《인간 실격》의 오바 요조가 다자이 오사무 자신과 가까운 인물상인 데 비해, 이 소설의 주인공은 열네 살의 소녀다. 그런데도 정말로 이 소녀가 있는 것처럼 생각되고, 현대의 여고생도 말할 법한 내용을 썼다. 다자이 오사무의 회한의 깊이와 수려한 글솜씨를 잘 엿볼 수 있는 작품이다.

이 여학생은 그 나이대의 풍부한 감수성으로 하루를 보내고 있는데, 그 하루의 끝에서 이불 속에 들어가기 전에 생각하는 것이 '내일 또'라는 것이다. '행복은 평생 오지 않는다'는 말은 비관적이기도 하지만, 행복이나 불행에 일희일비하지 않고 있는 그대로 받아들이며 전진하려는 강한 힘도 느껴진다.

지금 장래에 대해 변화를 기대하지 못하고 같은 나날의 반복에 숨 막힘을 느끼는 사람도 많을지 모른다. 하루하루의 소소한 행복을 느끼지 않는 바는 아니지만, 극적인 변화나 그림에 그린 듯한 행복이 찾아오리라는 생각은 좀체 들지 않는다. 그것을 일단은 받아들이고, 잠들기 전에는 '내일은 꼭 행복이 온다'고 믿어본다. 그러면 상쾌한 기분으로 잠들 수 있지 않을까. 괴로울 때면 이 말이 힘이 된다.

　말에는 힘이 있다. 그러니 책을 읽고 마음에 와닿는 말이 있다면 자신만의 명언으로 삼자. '나의 명언'은 인생의 여러 국면에서 도움의 손길을 내밀 것이다. 그러니 그런 '나의 명언'을 찾겠다는 생각으로 책을 읽어도 좋겠다. 괜찮은 문장을 찾으면 소리 내어 읽어보거나 수첩에 적어 확실히 제 것으로 만들어보자.

1. 《오이디푸스 왕》 소포클레스

수많은 그리스 비극 중에서도 최고의 걸작. 많은 사람을 매료시키는 이 작품에는 틀림없이 무의식적인 보편성이 존재한다고 생각한 프로이트가 '오이디푸스 콤플렉스'를 발견하고 제시했다. 이후의 문화와 작품에 큰 영향을 준다는 의미에서 고전성이 있다. 아버지를 죽이고 어머니와 혼인한다는 보편적인 금기와 이를 알지 못하고 저질러버린 오이디푸스가 진실을 스스로 파헤치는 모습이 애처롭다. 운명으로부터 도망치려 할수록 스스로의 목을 옥죄고 얽어매게 되는 비극은 운명의 압도적인 힘과 부조리함을 보여준다.

2. 《인간 실격》 다자이 오사무

다자이 오사무는 책을 많이 읽지 않은 사람도 빨려드는 매력이 있다. 그는 인간을 깊게 그려낸다. 다자이의 세계에 한번 빠지면 인간에 대한 이해가 단숨에 깊어진다고 해도 과언이 아니다. 그가 자살하기 직전에 쓴 《인간 실격》은 다자이 문학의 총결산이라고 할 만한 작품이다. 얇은 책이지만 굉장한 깊이가 있다. 인간사에서 소외되고 인간에게 공포를 느낌과 동시에 인간을 사랑하고 믿고 싶어 하는 주인공 오바 요조에게서 자기 자신을 보는 사람은 현대에도 많다. 보편적인 명작이다. 후루야 우사마루의 만화판 《인간 실격》은 만화화에 성공한 최고의 작품이니 꼭 읽어보기 바란다.

3. 《마음》 나쓰메 소세키

과거에 읽어본 적이 있는 사람도 다시 읽으면 또 다시 새로운 발견이 있다. 한층 더 재미있게 느낄지도 모른다. 등장인물을 깊이 있게 그려내는 나쓰메 소세키는 보통의 인간으로서는 도달할 수 없는 경지의 두뇌를 가졌구나 싶다. 가령 '핏줄기'만 해도 그렇다. 선생님이 나를 향해 "자네는 내 심장을 가르고 그 핏줄기를 끼얹으려고 하고 있네"라고 말하는 장면이나, K가 자살할 때도 핏줄기가 남아 있다. '마음'과 '핏줄기'. 그렇게 연결해서 읽어보면 또 다른 발견이 있을 것이다.

4. 《은수저》 나카칸스케

메이지 말기부터 다이쇼시대에 걸쳐 나카칸스케가 쓴 자전적 소설로 매우 훌륭한 문학작품이다. NHK의 〈100분 de 명저〉 특별 수업을 쓰쿠바대학 부속중학교 학생들과 함께 진행했을 때, 내가 거론한 작품이다. 나카칸스케가 어린 시절의 이야기라서 메이지시대의 일이지만, 오감을 사용해 생생하게 그려놓았기에 이미지가 확장된다. 마음을 흔드는 섬세하고도 정성스러운 묘사. 자신의 어린 시절 체험을 떠올리면서 읽어보면 다양한 감각이 되살아날 것이다. 독특한 감성, 뛰어난 언어로 표현된 문장도 찬찬히 음미해보기 바란다.

6장

인생의 깊이를 더하는
독서법

삶의 의미와
깊이를 찾는
독서

미국식 자본주의에 익숙해진 우리는 자연스레 성공하고 싶은 욕구를 느낀다. 하지만 문학의 세계에 빠져보면 성공하는 삶이나 이기고 지는 것쯤은 아무래도 괜찮다고나 할까, 무의미하게 느껴질 것이다. 문학이란 경제적인 성공이나 이기고 지는 것과는 다른 차원에서 성립되기 때문이다. 그것은 삶이 가진 의미의 깊이를 어떻게든 가늠해보려는 노력이다.

다자이 오사무는 훌륭한 단편소설을 여럿 남겼는데 나는 그중에서도 〈비잔〉이라는 작품을 좋아한다. '비잔'이란 한 술집에서 일하는 아가씨에게 붙은 별명이다. 작중 화자인 나와 친구들은 그 술집의 단골인데, 수시로 비잔의 험담을 한다. 어린 시절부터 밥보다 소설을 좋아했다는 비잔은 소설가인 나와 친구들에게 어떻게든 엮이고 싶어 한다.

그런데 이 아가씨는 초점을 흐리는 이야기를 많이 한다. 문사들은 "비잔 때문에 단골집을 바꿔야겠다"면서도 계속해서 같은 술집에 드나들었는데, 어느 날 나는 비잔이 실은 중병에 걸렸으며 술집을 그만두고 본가로 돌아갔다는 사실을 알게 된다. 이제 살 날이 얼마 남지 않았다는 이야기도 듣는다.

지금껏 비잔에 대해 무지하다는 둥 말이 많다는 둥 그토록 험담을 해온 내 입에서 "착한 아이였는데"라는 말이 튀어나온다. "소설 이야기를 듣고 싶었던 거였어, 참 열심히 시중을 들었는데" 하고 계속해서 말한다. 그리고 그날 이후로 그 술집에는 가지 않게 되었다는 이야기다.

비잔의 인생에는 경제적 성공이나 승부 같은 가치관은 등장하지 않으면서도 '아, 이런 인생의 깊이가 있구나' 싶게 마음을 때린다. 누가 승자이고 패자인지에 대한 이야기를 한 적이 있다면, 그것이 얼마나 저급한 일이었는지 부끄러워지지 않을까?

10년쯤 전에는 '승자그룹, 패자그룹'이라는 말이 자주 사용되었다. 당시에는 나름의 리얼리티를 가진 말이었는지도 모른다. 하지만 그 말이 유행하던 당시에도 문학을 즐기는 사람이라면 그런 말을 사용하는 데 주저했을 것이다.

가령 머리가 좋고 일에서 성공을 거두어도 그런 말을 아무렇지 않게 쓰는 사람은 '안타까운 사람'이라는 느낌을 준다. 교양이 부족한 것이 아닌지 의심하지 않을 수 없다. 이것은 중요한 관점이다. 돈을 가진 사람이 훌륭하거나 대단한 것이 아니기 때문이다. 자본주의의 게임에 이기는 데는 능할지 모르지만, 그렇다고 훌륭한 것은 아니지 않은가. 일부러 이기지 않는 길도 있으니 말이다.

삶의 의미를 묻고 그 깊이를 탐구하는 것이 인생의 참된 묘미다. 물론 사는 데 돈은 중요하지만 그것이 전부는 아니다. 성서에 '사람은 빵만으로 사는 존재가 아니다'라는 유명한 말이 나온다. 사람이 물질적인 만족만으로 살지는 않는다는 뜻이다. 그렇다면 무엇이 필요한가? 바로 인생의 의미에 따라 살아가는 것이다. 독서를 통해 그 의미를 포착하는 힘을 키우면 인생의 깊이를 알 수 있게 된다.

산다는 것은
무엇인가?

인생의 의미를 포착하려는 단계에서 더 깊이 들어가면 삶 자체의 가치를 절실히 느끼게 된다. '나에게 인생은 어떤 의미인가?' '나는 무엇을 가치 있게 여기는가?'를 생각하는 것은 매우 의미 있는 일이지만, 동시에 그것을 뛰어넘어 '인생 그 자체'가 의미와 가치를 가진다고 깨닫는다.

《카라마조프가의 형제들》에도 '인생의 의미보다 인생 자체를 사랑하라'는 말이 나온다. 무엇보다 먼저 인생을 사랑하라. 그리할 때 비로소 의미도 이해할 수 있다고 말이다.

심리학자 빅터 프랭클이 강제수용소에서 겪은 체험을 돌아보며 써낸 《죽음의 수용소에서》에는 이런 말이 나온다. '정말로 중요한 것은 우리가 삶에서 기대하는 것이 아니라, 오히려 삶이 우리에게 기대하는 것'. 우리는 삶의 의미가 실태로서 존재한다고 여기고 그것을 찾으려고만 하는데, 프랭클은 그래서는 안 된다고 말한다. 반대로 자기 자신이 물음을 당하는 대상임을 깨달아야만 한다.

정신적으로 또 육체적으로 상상을 초월하는 극한의 상태에 처하면 '살아 있다는 것에 아무런 기대를 품을 수 없다'며 절망해버리기 쉽다. 하지만 그런 상황에서도 '사랑하는 이가 나를 기다리고 있다' '중요한 일이 나를 기다리고 있다'고 생각하는 사람들은 살아남았다.

프랭클 자신도 그렇게 살아 돌아와 아내와 다시 삶을 꾸리고 강제수용소의 심리학에 대해 강연을 하는 것이라고 생각했다. 각각의 인간에게 무엇과도 바꿀 수 없는 무언가가 있었던 것이다.

이 개개의 인간이 가진, 무엇과도 바꿀 수 없는 그것의 존재는 의식하는 순간 인간이 산다는 것, 계속 살아간다는 것에 대해 짊어진 책임의 무거움을 똑똑히 보여준다. 자신을 기다리고 있는 일이나 사랑하는 사람에 대한 책임을 자각한 인간은 삶에서 뛰어내릴 수 없다. 자신이 '왜' 존재하는지 알기에 대개 '어떤 일'에든 견딜 수 있는 것이다.

—《죽음의 수용소에서》 빅터 프랭클

일본인은 경제대국에서 살면서도 행복도가 낮다고 한다. 다른 사람에 비해 자신의 능력이 떨어진다거나 연봉이 낮다는 식으로 타인과 비교해 스스로를 낮춰 평가하니 행복을 느끼기 힘들다. 하지만 문학을 읽으면 행복 자체에 대한 인식이 달라진다. 행복해지고 싶다고 생각하는 것은 결코 나쁘지 않지만, 그것만으로는 얕은 사고관임을 깨닫게 될 것이다.

동양의
정체성으로
이어지다

이 책을 읽는 독자들은 대부분 동양인일 것이다. 그러나 평소에 '나는 동양인'이라는 의식을 특별히 하며 살지는 않을 것이다. 동양의 고전, 동양의 정신문화에 친숙하지 않은 탓이다. 불교, 요가, 명상 등에 대해 많이 들어본 것 같아도 본질적인 부분을 접하지 못하면 '나는 동양인'이라는 정체성은 갖기 힘들다. '예뻐지는 요가' '업무 능률을 높여주는 명상' 등으로 겨우 받아들이는 형국이다. 나는 이것이 참으로 이상하다고 느낀다.

최근에 주목을 받고 있는 마인드풀니스 명상은 본래의 명상에서 힌트를 얻어 생겨났는데 트레이닝으로서 미국에서 열풍을 일으켰다. 유명 기업의 사원연수나 비즈니스 스쿨에서도 진행되며 비즈니스상의 성과를 낳고 있다고 한다.

명상의 좋은 부분을 받아들이는 것 자체는 나쁘지 않지만, 원래 인도에서 도달한 깊은 정신세계가 미국에서 도구로 변질된 후에야 일본에 들어와 정착되어간다는 사실이 안타깝게 느껴진다. 동양의 정신문화에 친숙하다면 이런 흐름에 거부감을 느낄 것이다.

이것은 정체성의 문제로도 이어지는 이야기다. 동양의 정신문화와 자기 자신이 분리되어 있으면 정체성도 확립되기 어렵다. 나는 누구인가? 나는 어디서 왔는가? 이에 대해 전혀 알지 못하는 사람은 큰 불안을 느끼거나 어려움에 맞설 힘이 생기지 않는다.

반대로 인도와 중국을 포함한 4,000여 년의 역사에 흐르는 정신문화와 연결되면 강해질 수 있다. 동양의 정신문화를 만들어온 붓다와 공자 등의 위대한 인물이 내 편이 되기 때문이다.

동양의 고전이라고 하면 가장 먼저 《논어》를 들 수 있다. 동아시아문화권의 역사 속에서 논어는 하나의 전제前提라고도 할 수 있다. 일본에서도 에도시대에는 유교가 지적교양 생활의 중심이었고 윤리관의 근간을 이루었다. 그렇게 생각하면 《논어》를 읽은 적이 없는, 공자의 말을 모르는 동양인이 있을까 싶다.

공자를 시조로 하는 유교의 반대편에는 노장사상이 자리하고 있다. 공자는 인간관계와 일을 포함한 현실의 인생을 어떻게 살지 중시했다. 노장사상은 그런 현실주의적인 사상을 비판하고 '무위자연'을 설파했다. 인간은 커다란 자연의 일부이므로 인위적인 것에서 벗어나 자연 그대로에 맡기는 것이 좋다는 사고관이다. 이는 '선禪'과 '정토淨土'라는 일본불교에도 큰 영향을 주었으며, 널리 동양인의 마음에 스며들었다. '우물 안 개구리'라는 유명한 고사성어도 장자의 말이다.

불교가 동양의 정신문화를 만들어온 큰 기둥이니 불전도 필독해야 할 고전이다. 꼭 불전이 아니더라도 '붓다의 말'을 담은 책은 많다. 그런 책을 통해 동양인의 정체성과 자기 자신을 겹쳐볼 수 있을 것이다. 동양에서 태어난 사람이 동양사상을 제대로 접하지 못한 채 표층적인 부분만 알고 지나간다면 너무도 안타깝다. 자신의 근원을 더듬어보는 기분으로 읽어보기 바란다.

한 번뿐인 인생을
얼마나 풍요롭게
만들 것인가

인간에게 인생은 한 번뿐이며, 당연히 다른 사람의 인생을 살 수는 없다. 자기 혼자만의 경험에는 한계가 있다. 경험이 적으면 상상이 미치지 못하는 일이 많아지는 법이니, 자신과 완전히 다른 환경에 처한 타인의 마음을 상상하기도 어렵다.

하지만 책을 읽으면 타인의 인생을 쫓아가며 체험할 수 있다. 다른 시대를 살았던 사람, 다른 나라에서 살았던 사람의 인생도 현장감 있게 알 수 있다. 이는 매우 중요한 일이다. 타인의 마음을 상상하고 감정이입하여 받아들이는 경험이 되기 때문이다.

사람이 서로 관계를 맺으며 살아가려면 타인의 마음을 이해하고 인정하며 받아들여야 한다. 그러한 것을 통해 자기 자신이 성장하고 인생이 풍부해진다. 《어느 메이지인의 기록》은 막부 말 격동의 시대를 살았던 아이즈번 무사인 시바 고로가 남긴 소년 시절부터의 기록이다. 시바 고로는 훗날 육군대장이 된 인물로, 중국의 의화단 사건 때는 주재무관으로 활약해 전 세계의 칭찬을 받았다. 〈타임스〉에도 그 활약상이 소개되어 구미에 널리 이름을 알린 최초의 일본인이라고 일컬어진다.

이런 시바 고로가 겪은 고난의 소년 시절. 《어느 메이지인의 기록》에는 막부 말기 메이지유신의 '흑역사'가 쓰여 있다. 승자가 그린 역사와는 다른 현실이다. 역적의 오명을 쓴 아이즈번은 삿초군의 공격을 받는다. 고로가 열한 살 때, 아버지와 형은 결전을 위해 모두 성으로 향했다. 집에 남은 사내라고는 어린 고로뿐이었다. 친척의 권유로 밖에서 묵을 작정으로 집을 나오게 되는데 이후 할머니, 어머니, 여자 형제가 자살로 생을 마감한다.

이것이 영원한 이별이 될 줄은 꿈에도 모르고 문 앞으로 배웅을 나온 할머니, 어머니에게 인사를 드리고 부리나케 자리를 떴다. 아, 어찌 생각나지 않으랴. 할머니, 어머니, 자매들, 이것이 이번 생의 이별이 될 줄을

인생의 깊이를 더하는 독서법

알고 나를 보냈을 줄이야. (중략) 고작 일곱 살밖에 안
된 어린 누이마저 회검을 들고 자해의 때를 기다리다
니, 내가 어리다고는 하나 어찌 불민하여 이를 몰랐던
가. 너무도 부끄럽기 짝이 없어 떠올리며 괴로워할 뿐
이로다.

　　─《어느 메이지인의 기록─아이즈인 시바 고로의 유서》

　　　　　　　　　　　　　　　　　　이시미쓰 마히토

얼마나 억울하고 괴로운 심정이었을까. 문장의 구석
구석에서 당시의 기억을 짊어지고 사는 괴로움이 절절
하게 전해진다. 이토록 끔찍한 시대, 무시무시한 인생이
현실에 존재했던 것이다. 문장도 매우 힘이 넘치니 꼭 한
번 읽어보기 바란다. 나는 이 책을 소리 내어 읽다 보면
눈물이 난다.

　사실 홀로 인생을 풍요롭게 느끼기는 어렵다. 자신이
지금 여기에 존재하는 것은 과거의 역사 속에서 많은 사
람이 살아왔기 때문이다. 그런 다양한 인생을 알면 인생
자체의 풍요로움을 느낄 수 있다.

1. 《맥베스》 셰익스피어

깊이 있는 명언이 넘쳐나며, 숨조차 쉬지 못할 만큼 긴박한 스토리로 순식간에 끝까지 읽게 만드는 불후의 명작. 스코틀랜드의 무장인 맥베스가 왕이 되고 싶은 야심과 왕에 대한 충성 사이에서 흔들릴 때, 부인은 격렬한 말로 그를 부추긴다. "평생 굽실거리면서 그렇게 살 생각이에요?" 일단 결심했다면 젖먹이 아기의 머리통이라도 박살내 보여주자는 맥베스 부인은 강렬하고도 매력적이다. 이 장면을 소리 내어 읽으면 분위기가 순식간에 고조된다. 부디 배우가 된 심정으로 소리 내어 읽으며 음미해보기 바란다.

2. 《돈키호테》 세르반테스

제목은 너무도 유명하지만 정작 독파한 사람은 드문 명작. 여섯 권으로 되어 있지만 길어서 읽기 힘들다는 생각은 전혀 들지 않는다. 넘어가는 책장이 아쉬워서 더 천천히 읽고 싶을 정도다. 근대소설의 조상이라고 불리는 이 작품의 주인공은 기사도 이야기에 심취한 나머지 자신을 기사라고 믿는 사내다. 돈키호테와 주위 사람들의 '의식 차이'로 인한 마찰이 이야기를 전개시키는 힘이다. 돈키호테와 산초 판사가 보여주는 콤비는 최고다. 이상적인 만담콤비의 모습인데, 남에게 위해를 가하지 않고 오히려 기쁨을 선사하는 '꿈꾸기의 달인'과 이를 살려주는 친구라고나 할까.

3. 《금각사》 미시마 유키오

1950년의 금각사 방화사건을 소재로 한 미시마 유키오의 걸작. 주인공은 내성적인 성격에 말을 더듬으며 콤플렉스를 가진 젊은 승려다. 그가 금각사의 아름다움에 사로잡혀 갈등하던 끝에 아름다움에 대한 복수와 독점을 위해 불을 지르기까지의 심상心象을 고백 형식으로 그려냈다. 말의 문제나 미에 대한 상반된 감정 등을 깊이 있게 그려낸 매우 재미있는 책이다. 학생들에게 이 작품을 소리 내어 읽게 하기도 하는데, 다 읽고 나면 "미시마 유키오는 천재다!"라고 하는 사람도 많다. 전쟁 중에도 굳건했던 금각사가 방화로 불타버린 어처구니없는 사건도 이 작품을 통해 살아났다고 생각하면 더 흥미롭다.

4. 《시의 마음을 읽다》 이바라기 노리코

저자는 〈기대지 않고〉나 〈자기 감수성 정도는〉이라는 시로 유명한 이바라키 노리코다. 이 책에서는 그녀가 좋아하는 시를 뽑아 그 매력에 대해 정열을 담아 이야기한다. 다니카와 슌타로의 〈슬픔〉, 나카하라 츄야의 〈양의 노래〉 등이 소개되어 있다. 이바라키 노리코의 풍부한 감성과 의연하면서도 부드러운 화법으로 전해주는 주옥같은 시들. 주니어신서이니 입문서로 읽기 쉽고, 시인과 시의 배경에 대해서도 알 수 있다. 마음에 드는 시가 있으면 꼭 소리 내어 읽어보기 바란다.

7장

어려운 책의 독서법

그래도 고전을
읽어야 하는
이유

　　　　책뿐만이 아니라 영화, 만화, 회화, 음악
에도 각각 명작이라고 불리는 것이 있다. 일류의 작품에
는 굉장한 힘이 있다.

　특별히 클래식 팬이 아니라도 비발디의 〈사계〉는 들
어본 적 있을 것이다. 봄, 여름, 가을, 겨울의 네 악곡으로
이루어진 〈사계〉는 1725년에 세상에 나왔다. 18세기 말
부터 19세기 말까지 100년 정도는 주목받지 못했지만,
1949년에 악보가 재발견되고 출판도 되었다. 일본에서
는 이탈리아의 실내악단 '이 무지치I MUSICI 합주단'이
연주하면서 인기에 불이 붙었고, 클래식 가운데 가장 인
기 있는 곡 중 하나가 되었다. '봄'이 유명하지만 TV도쿄
의 프랑스 오픈에서는 '여름'이 사용되었다. 속도감 있고
드라마틱한 바이올린의 선율을 들으면 그 붉은 땅의 격
렬했던 싸움이 뇌리에 되살아난다.

다시금 들어보니 지금도 통용되는 작곡의 수준에 경탄하지 않을 수 없다. 음악으로 이런 깊이를 표현할 수 있다니 놀랍다. 어떻게 계절을 이렇게 표현할 수 있을까. 나는 작곡가도 연주가도 아니지만 이 곡이 좋다는 것은 안다. 이 세상에 태어나고, 이 시대에 태어나서 비발디의 음악을 만날 수 있어 다행이라고 여기고 있다. 아마 많은 사람이 모차르트나 바흐 같은 위대한 작곡가의 작품을 접할 수 있어서 다행이라고 여길 것이다. 일류의 작품은 커다란 감동을 준다.

이 위대한 작곡가의 작품도 전부 들어보려고 하면 너무 많은 작품 수에 압도당한다. 비발디는 500곡이 넘는 협주곡 외에도 오페라와 소나타, 실내악곡 등을 다양하게 작곡했으며 주요 작품집만 해도 CD가 40장이나 된다. 모차르트 전집은 170장의 CD로 되어 있다. 전부 들으려면 상당한 시간과 집중력이 필요하다.

문학 역시 위대한 작가의 전집이 많다. 그것들을 전부 읽기는 힘이 든다. '내가 이걸 다 읽을 수 있을까?' 하는 생각에 책장이 넘어가지 않을 테니까. 마루젠 같은 대형

서점에 가면 '읽어야 할 책이 이렇게나 많다니!' 하고 설렘을 느끼는가? 아니면 '나는 절대 다 못 읽을 거 같아'라는 두려움을 느끼는가? 후자라면 가지이 모토지로의 《레몬》에서처럼 서점에 레몬 폭탄이라도 놓아두고 싶을지 모른다. 세상의 깊이 있고 훌륭한 작품을 만나기에도 시간이 부족하다는 것을 깨닫게 되면, 얇고 얕은 것들과 마주하고 있을 수 없다.

가급적 일류의 작품을 접하고 싶을 때, 고전을 택한다면 시간을 허비할 일은 거의 없다. 단순히 오래된 것이 아니라, 시대를 초월해 많은 사람에게 사랑받아온 것. 역사 속에서 평가받고 지금도 그 가치가 살아 있는 것. 시간의 흐름이라는 시련을 견디고 살아남은 것에는 그만한 힘이 있기 때문이다.

마음껏 책을
읽을 수 있는
시대

일류의 책을 쓰려면 재능이 필요하지만, 읽는 데는 큰 재능이 필요하지 않다. 이미 말했듯이 본디 모든 인간은 지적호기심을 가지고 있다. 아이들은 모두 책을 좋아한다. 그러다가 성장하면서 책에서 멀어지는 것일 뿐, 잠재력은 가지고 있다는 뜻이다.

한번 독서하는 습관을 들이면 점점 편하게 책을 읽을 수 있다. 또한 사고도, 지식도, 인격도 심화시킬 수 있다. 돈도 그리 많이 들지 않는다. 과거에는 책 한 권을 손에 넣기도 힘든 시절이 있었다.

《후쿠자와 유키치 자서전》에는 후쿠자와 유키치가 비싸서 도무지 살 수 없는 네덜란드어로 된 책을 남에게 빌려서는 밤에 잠도 자지 않고 옮겨 적었다는 일화가 나온다. 박물학자인 마나가타 쿠마구스는 장서가 많은 사람의 집을 방문해서 책을 읽고는 기억했다가 집에 돌아와 그 내용을 옮겨 적었다고 한다.

지금은 그렇게 하지 않아도 싸고 쉽게 책을 구할 수 있다. 책을 읽는 데 거의 돈이 들지 않는 시대가 되었다고 해도 과언이 아니다. 나는 아이패드로 전자책을 읽는 경우가 많은데, '킨들 언리미티드'라는 서비스를 이용하면 한 달에 1,000엔 정도의 비용으로 10만 권이 넘는 책을 마음껏 읽을 수 있다.

이 정도면 거의 공짜나 다름없다. 조금이라도 마음이 있으면 독서를 시작할 수 있다. 그러면 평소에는 사지 않을 법한 책이나 잘 모르는 작가에 대해서도 알게 되어 점차 세계를 넓혀나갈 수 있다. 아낌없이 책장을 넘길 수 있으니 독서 속도가 느린 사람도 빨리 읽게 되지 않을까 싶다. 나는 만화를 포함해 하루에 10권 정도를 읽을 때도 있다.

킨들뿐만 아니라 최근에는 이렇게 마음껏 책을 읽을 수 있는 서비스가 늘어나고 있다. 종이책도 중고로 싸게 구하는 방법이 있고, 구식이라 여길지 몰라도 도서관을 활용해도 된다. 사놓고 읽지 않은 책이 늘어나도 호모

사피엔스로서의 긍지를 손상시키지 않았으니 괜찮다고
해두자. 사놓고도 신지 않은 신발, 샀지만 사용하지 않는
다이어트 기구보다는 훨씬 낫다.

집중력을 단련하려면
수준이 높은
책부터

독서는 집중력 훈련에 도움이 된다. 일정한 양의 문자를 읽고 내용을 이해하려면 집중력이 필요하다. 집중력이 떨어지면 눈은 글자를 따라가도 내용이 머릿속에 들어오지 않는다. 독서에 익숙하지 않은 사람은 집중력을 유지하기가 어려워 '귀찮다'고 느낀다.

그러니 너무 열심히 매달리지 않아도 되는 가벼운 책을 추구한다. 고전인 명저를 간단한 줄거리로 요약한 책이 팔리는 까닭이다. 원래의 상태로 읽으려면 딱딱해서 씹는 힘이 필요하지만 처음부터 부드럽게 만들어주면 읽을 수 있다는 것이리라.

부드러운 것만 먹으면 턱의 힘은 자라지 않는다. 항상 누군가가 잘게 부숴줘야만 한다면 일류의 작품을 진정으로 맛보기는 어렵다. 뒤집어 말하면 한번 애써서 턱의 힘을 기르면 다음부터는 편하게 책을 읽을 수 있다는 뜻이다.

그러니 처음에 기세를 몰아 수준 높은 책을 읽으라고 권하고 싶다. 물론 이해가 안 되는 부분도 있고, 진도가 잘 나가지 않아 도망치고 싶을지도 모른다. 그래도 끝까지 읽어보라. 모르는 말을 찾아보거나 키워드와 등장인물의 상관관계를 그려가면서 정리해야 할 때도 있을 것이다. 그렇게 조금씩 노력하면서 끝까지 읽어내고 나면 자신감이 붙는다.

자신감이 생기면 다음 책도 읽을 수 있다. 그다음, 그다음 책도 계속 도전하게 된다. '저번 책에 비하면 쉬운 편이야' '금방 읽을 수 있을 것 같아' 하고 생각하게 되리라.

도망치지 말고 책과 마주하고 계속 읽어 집중력을 단련하면 다른 취미나 공부, 일에서도 긍정적인 효과가 나타난다. 하고 싶은 일은 있는데 좀처럼 잘 안 된다면 집중력에 문제가 있는 경우가 많다. 하나하나 집중해서 매진하면 단시간에 목표를 달성할 수 있고, 결과적으로 여가 시간도 늘어난다. 시간이 늘어나면 하고 싶은 일들을 더 많이 할 수 있게 된다.

내가 대학에서 학생들을 가르치는 것 외에도 방송 관련 일, 서적 집필 등을 하면서 매일 대량의 책과 만화를 읽고 TV와 영화를 본다고 하면 다들 "어디서 그런 시간이 생겨요?" 하고 놀라는데, 이것도 독서를 통해 기른 집중력의 선물이라고 하겠다.

소리 내어
읽는 글의
힘

처음에 수준 높은 책을 읽어 자신감을 키우라고 권해도 주저하는 사람이 있을 것이다. 간단하게 요약한 세계문학 등의 책을 읽으면 되지 않을까? 교양 정도는 갖출 수 있지 않을까? 이렇게 생각할지 모른다. 물론 그런 책은 단시간에 내용을 파악하는 데는 편리하다.

다만 문학의 위대함은 줄거리에 있지 않다. 줄거리는 '모르는 것보다는 아는 것이 나은' 정도의 것일 뿐이다. 어려운 책을 아무것도 모르고 읽기 시작하는 것보다는 처음에 줄거리를 이해해두면 쉽게 읽을 수 있다. 그런 의미에서는 활용할 수 있지만, 줄거리를 안다고 해서 체험으로의 독서를 한 것은 아니다.

나는 '클라이맥스만이라도 소리 내어 읽기'를 권한다. 대략적인 줄거리를 알았다면 중요한 장면을 소리 내어 읽어보는 것이다. 그러면 독서 체험에 상당히 가까워진다. 대학생이나 초등학생에게 명장면의 몇 페이지 정도라도 소리 내어 읽게 하면 "직접 소리 내어 읽어보니 얼마나 대단한 작품인지 알겠다"고들 한다. 표현은 다소 어려울지 몰라도 거기에 담긴 본질을 접하는 체험이 가능하기 때문이다.

일류의 문학은 원문에 굉장한 힘이 존재한다. 번역서라도 줄거리 요약과는 차원이 다른 힘이 있다. 소리 내어 읽으면 굉장한 박력을 가진 말이 몸으로 다가옴을 느낄 수 있다. 지면이 아닌 온몸으로 세계를 맛보는 느낌이랄까. 저자나 등장인물이 된 심정으로 읽어보면, 묵독으로는 좀처럼 파악하기 힘들었던 심정과 행간의 의미도 이해할 수 있다.

또 마치 위대한 저자의 육성이 자신의 몸을 통해 들리는 듯하다. 들리는 것은 자신의 목소리지만 말에 평소와는 다른 에너지가 담겨 있어서 마치 저자가 눈앞에서 말해주는 것 같다. 더 깊이 맛보려면 과장하여 연극적으로 소리 내어 읽으면 된다. 연기가 어설퍼도 괜찮으니 저자나 등장인물로 분해보자. 그런 마음을 갖는 것이 중요하다. 모방은 배움의 기본이다. 흉내를 내며 읽으면 깊은 배움을 얻을 수 있다.

만화라는
또 하나의
세계

《겐지 이야기》는 일본인이라면 누구나 읽어본 적 있는 작품이리라. 명실공히 일본 최고의 문학 중 하나이며, 국어 교과서에도 반드시 등장한다. 하지만 전편을 다 읽기란 꽤나 힘들다.

이 책을 만화로 만들어 누적 판매 부수 1,700만 부를 넘긴 것이 야마토 와키의 《아사키유메미시》다. 《겐지 이야기》를 읽은 사람은 적을지 몰라도 《아사키유메미시》는 많은 사람에게 읽히고 사랑받고 있다. 이는 실로 대단한 일이다. 작품의 질도 높아서 《겐지 이야기》의 장점을 충분히 느낄 수 있다. 좋은 만화를 보면 얻는 바가 크다.

《겐지 이야기》뿐만 아니라, 명작 가운데 쉽게 손이 가지 않는 많은 작품이 만화로도 만들어졌다. 도스토예프스키의 《카라마조프가의 형제들》《죄와 벌》도 만화로 읽을 수 있다. 글로 읽는 체험과는 다르지만 독서의 시작으로는 아주 좋다. 만화를 통해 그 세계에 친숙해지면 내용도 쉽게 머릿속에 들어온다. 그러면 좋아하는 장면만이라도 글로 소리 내어 읽어보려는 마음이 생길지 모른다.

나는 만화도 매우 좋아해서 즐겨 읽는다. 나는 책이냐, 만화냐 하는 것은 선택의 문제가 아니라고 생각한다. 'or'가 아니라 'and'로 여긴다. 책도 만화도 모두 읽으면 된다. 독서량이 많은 사람은 만화도 많이 보는 경향이 있다. 책을 읽을 수 있는 사람은 집중력이 지속되므로 만화도 대량으로 읽을 수 있다.

책이 하나의 세계를 만드는 것처럼 만화와 영화, 드라마에도 각각의 세계가 있다. 모두 다른 특질을 가지고 있으니 그것을 모두 즐기면 될 일이다. 나는 소설이 영화로 만들어지면 보러 가고, 영화로 본 이야기의 원작을 찾아 읽기도 한다. 원작 만화를 드라마로 제작하는 경우도 많다. 나는 둘 다 보고 '그 만화가 이렇게 드라마가 되었구나' '이 어려운 장면을 이렇게 찍었네' 하고 감격스러워한다. 책, 만화, 드라마, 영화를 모두 즐기고 사고를 심화시키는 데 이용하면 된다.

후루야 우사마루의 《테이이치의 나라》라는 매우 재미있는 책이 있다. '총리대신이 되어서 나의 나라를 만들겠다'는 야망을 가진 주인공 테이이치가 명문 고등학교의 학생회장 선거에 매달리는 학원 코미디다. 이 만화가 가진 독특한 세계관을 망가뜨리지 않고 영화화된 것을 보고는 잘 만들었다며 감탄했다.

우사마루는 다자이 오사무의 《인간 실격》을 만화로 만들었는데, 주인공 오바 요조의 심리상태를 세밀하게 잘 그려냈다. 이 만화를 보고 다시금 소설을 읽으면 이해가 더 잘되는 상승효과가 있을지도 모른다.

참고로 우사마루와 만나서 이야기를 나눈 적이 있는데, 그가 하루 종일 서서 만화를 그린다고 해서 깜짝 놀랐다. 10시간도 넘게 선 채로 그 치밀한 작품을 만들어내고 있다는 것이다. 보통 사람이 아니구나 싶었다.

책도 그렇지만 만화 역시 만화가가 홀로 만들어낸 세계라는 점이 참으로 굉장하다. 만화가는 오랜 시간을 들여 고독하게 펜을 움직이고 세계를 만들어낸다. 만화를 읽으며 그 고독감을 공유하는 느낌이 참 좋다.

이해가 안 되는
부분이 있어도
괜찮다

잘 모르는 일에 대해 알기 쉽게 해설해 주는 정보성 책은 '그런 거였구나!' 하고 무릎을 치게 만들며 시원함을 선사한다. 한정된 주제에 대해 내용을 간명하게 정리한 신서 등은 개운함을 느끼는 독서로 아주 좋다. 난이도는 제각각이지만 기본적인 논지가 분명해서 연신 고개를 끄덕이며 읽을 수 있다. 이런 유형의 책들은 속독하기에 적합하다.

또 수수께끼를 풀어가는 추리소설은 복잡한 수수께끼가 풀렸을 때 시원함과 재미를 느낄 수 있다. 이 시원한 느낌은 독서가 주는 즐거움 중의 하나다.

반면 애매모호한 독서도 있다. 여러 가지 의미로 파악할 수 있어서 사람마다 해석이 달라지는 책이 있지 않은가. 혹은 지금의 자신이 읽고 이해하기에는 어려운 부분이 있어서 아리송함을 느끼는 책 말이다.

가령 니체의 《차라투스트라는 이렇게 말했다》를 읽으면 잘 이해되지 않는 부분도 있다. 하지만 그것은 자신이 아직 잘 모르는 것일 뿐, 무슨 말인지 도통 모르겠다는 느낌과는 다르리라. 아는 부분부터 읽다 보면, 분명 깊은 말임을 깨닫게 될 것이다. 즉 점점 더 깊어진다는 말이다.

얼마쯤 지나 다시 읽어보면 과거에는 몰랐던 부분이 이해되거나 납득되기도 한다. 좋은 작품에는 그런 깊이가 있다. 읽을 때마다 새로운 발견이 있다. 잘 이해되지 않아도 마음에 계속 남으며, 어느 날 문득 '그런 의미였구나' 하고 깨닫게 되기도 한다. 애매하고 아리송한 느낌도 독서가 주는 즐거움이다. 잘 모르는 부분이 있어도 괜찮다.

어려운 책의 독서법

고전으로 즐기는
명언 발췌독

To be, or not to be: that is the question.

죽느냐 사느냐, 그것이 문제로다.

《햄릿》에 나오는 유명한 대사다. 《햄릿》을 읽어보지 않은 사람도 이 말은 들어본 적 있을 것이다. 고전적인 명저에는 반드시 명언이 있다. 그 말을 찾아가며 책을 읽는 '발췌독'을 시도하면 고전도 두렵지 않다. 단편적이지만 그 단편에 고전의 정신이 깃들어 있다. 전부 읽어야 한다는 강박관념에 사로잡혀 고전에서 멀어지기보다는 제 힘껏 고전과 친숙해지고, 그 정신을 접하는 것이 중요하다.

'아, 여기 이렇게 적혀 있네. 이런 뜻에서 나온 말이구나' 하고 명언을 발견했다면 그 글이 쓰인 책장을 쓰다듬으며 존재감을 느끼자. 내가 가진 책에 그토록 유명한 말이 쓰여 있다고 생각하다 보면 책을 읽었다는 느낌이 든다. 명언을 인용할 때도 당당해질 수 있을 것이다.

《논어》에는 많은 명언이 있다. 가령 '자 왈, 배우고 생각하지 않으면 즉 어둡고, 생각하고 배우지 않으면 즉 혼돈스럽다' '지나친 것은 부족한 것만 못하다' '의를 보고 행하지 않으면 용기가 없는 것이다' 등이 그렇다. 책을 전부 읽지 않아도 그 명언만큼은 내 것으로 만들어 활용할 수 있다. 애초에 어떤 명언이 있는지조차 모른다면 해설서를 먼저 살펴보도록 하자.

발췌독은 외국 서적을 읽을 때도 도움이 된다. 모국어로 번역된 책의 첫 장을 대략 살펴본 후 재미있겠다 싶은 부분에 선을 그어두자. 빨강, 파랑, 초록의 3색 정도를 이용하면 찾기가 수월할 것이다. 그런 다음에 선을 그은 부분을 외국 서적에서 찾아보면 된다. 해당되는 글을 발견하면 같은 색의 선을 그어두자. 하나도 못 찾겠다면 자신이 아직 그 언어로 책을 읽을 만한 수준이 아닐지도 모른다. 조금 알 것 같으면 '아, 이게 그 말이구나!' 하고 발견할 수 있다. 이렇게 장별로 반복하자. 그러면 어느새

내 손에는 선을 그은 외국 서적이 들려 있을 것이다. 읽은 느낌도 들고 멋도 난다. 외국 서적도 많이 접하며 멋을 부려보자.

'이런 책을 읽다니, 나 진짜 멋지다' 하고 생각하는 것도 독서를 습관화하는 데는 중요하다. 누군가와의 약속 시간에 먼저 나가 기다릴 때면 외국 서적이나 고전, 신서를 펼쳐서 읽어보자. 발췌해둔 부분을 읽어도 좋다. 혹은 카페에서 느긋하게 독서를 즐겨보면 어떨까? 그런 사람을 보면 다들 멋지다고 여길 것이다. 출판문화의 밝은 미래를 바라는 사람으로서 그렇게 되기를 꿈꿀 뿐이다.

몰입하는
독서와
비판적 독서

독서를 하면 저자와 등장인물의 세계가 자기 안에 뿌리를 내리고 인생을 풍요롭게 만든다. 독서를 통해 세계를 확장시킬 수 있다는 말이다. 한편으로는 타자가 내 안에 들어오는 것에 대한 두려움도 있을 수 있다. 나보다 훨씬 사고력이 뛰어난 사람의 생각을 읽고 그 사람이 깊이 들어와버린다면 나 자신이 사라질 만큼 큰 영향을 받을지도 모른다. 그래서 잘못 읽으면 위험하기도 하다.

지금 시대에 명저로 읽히는 책도 역사 속에서는 금서로 출판을 금지당했던 예가 무수히 많다. 진시황제는 유교가 나라를 다스리는 데 방해가 된다는 이유로 서적을 모두 불태우고 비판적인 유학자를 생매장해버리는 '분서갱유'라는 사건을 저질렀다. 책에는 그만큼 무서운 세계가 존재한다.

책을 한 권 읽으려면 어느 정도 시간이 걸린다. 그 시간 동안 저자는 내 머릿속에 이야기를 들려준다. 그래서 책의 세계에 몰입해 있을 때는 자신과 저자가 구별되지 않는다. 말을 사용하는 책의 특성상 저자의 생각을 더듬어볼 수 있고, 그만큼 큰 영향을 받기가 쉽다.

그렇기에 경우에 따라서는 '비판적 독서'도 필요하다. 다만 무엇이나 비판적으로 삐딱하게 읽으면 사고력이 깊어질 수 없다. 일단은 저자의 사고, 세계관을 그대로 받아들이는 편이 득이 크다.

'푹 빠지는 독서'도 나름대로 괜찮다. 그 세계에 푹 빠져 몰입해보면 사고가 깊어지기도 한다. 그런 다음에 비판적으로 읽어라. 살짝 거리를 두고 보는 느낌으로 말이다. 다양한 책을 읽다 보면 자연스레 가능해질 것이다.

한 작가에게 빠져 그 사람의 책만 읽으면 아무래도 관점이 좁아진다. 한 작가만 받아들이려는 자세로는 사고도 심화되지 않는다. 다른 세계관의 작가가 쓴 책도 읽어보고 다른 장르의 책도 즐기면 동시에 여러 가지 관점을 가질 수 있다. 즉 균형을 이루는 것이다. 그런 균형 잡힌

관점을 가지면 폭넓게 이해하면서도 비판적인 독서가
가능해진다.

1. 《카라마조프가의 형제들》 도스토예프스키

최고봉의 종합소설. 읽기 쉬운 소설은 아니지만 최고로 재미있고 내용도 깊은 이 걸작을 독파한다면 아주 좋은 독서를 한 것이다. 이 책은 '카라마조프가의 부친을 살해한 것은 누구인가?'라는 서스펜스로 시작해 '생이란 무엇인가?' '욕망과 어떻게 마주할 것인가?' '신은 존재하는가?' '양심이란 무엇인가?' 등의 철학적인 물음의 숲으로 우리를 안내한다. 기질도 입장도 가치관도 다르고, 각각 과잉된 등장인물들이 대화로 펼치는 배틀로얄. 명장면이 수없이 많다. 체험적인 독서란 이런 것임을 절실히 느낄 것이다.

2. 《자유를 향한 대행진》 마틴 루터 킹

미국 공민권운동의 지도자이자 "나에게는 꿈이 있습니다"라는 연설로 유명한 마틴 루터 킹 목사의 책. 1955년 미국 몽고메리에서 흑인들의 대규모 버스 보이콧운동이 있었다. 버스의 백인우선석에 앉은 흑인 여성이 백인에게 자리 양보를 거부하자 체포 및 구류된 일이 계기가 되었다. 보이콧운동의 지도자가 된 킹 목사가 그 체험과 비폭력 저항에 대한 철학을 생생하게 들려준다. 킹 목사의 육성이 들리는 듯하며 당시의 상황을 절실하게 알 수 있는 명저다.

3. 《겐지 이야기》 무라사키 시키부

일본문학의 최고봉. 원문은 만만치 않으니 우선은 읽기 수월한 현대어역으로 내용을 즐긴 후에 원문을 맛보기 바란다. 이 책은 국문학자이자 작가인 하야시 노조무가 정확하고도 센스 있게 현대어로 옮겼다. 이 책이라면 전권을 독파할 수 있을 텐데, 그래도 포기할 것 같은 사람은 〈봄나물〉(제6권)부터 읽어보자. 근대소설에 가까운 〈봄나물〉은 등장인물의 심리를 절묘하게 묘사하고 있다. 여기에 등장하는 겐지의 나이는 마흔 정도다. 천 년에 한 번 나올 법한 미남으로 화려한 삶을 살아온 겐지에게 인과응보로 고뇌의 대극장이 펼쳐진다.

4. 《논어와 주판》 시부사와 에이치

시부사와 에이치는 일본의 국립은행 외 500개 이상의 기업 설립에 관여했으며 '일본 자본주의의 아버지'라고 불리는 대실업가다. 이런 시부사와 에이치가 좌우명의 글로 삼았던 것이 바로 《논어》다. 그는 "나는 논어로 평생을 관철시켜 보이겠다"며 일반적으로는 경제와 동떨어진다고 여겼던 《논어》를 상업과 실업에 활용하고, 《논어》의 가르침을 신념으로 삼았다. 고전을 자신의 일과 연결 지어 생각하고 인생에 활용한 훌륭한 예다. 일본의 실업가로 대성공을 거둔 시부사와 에이치의 정신적 지주를 알 수 있다는 면에서도 유익하다.

5. 《구약성서를 아십니까》 아토다 다카시

성서는 서양문화를 이해하는 데 빠질 수 없다. 신약성서는 크리스트교의 성전이며, 구약성서는 유대교의 성전(크리스트교의 성전이기도 하다)이다. 세계를 창조한 전능하신 신 야훼와 이스라엘 백성 사이의 계약과 교류에 대한 이야기다. 천지창조, 에덴동산, 카인과 아벨, 노아의 방주 같은 익숙한 이야기부터 욥기, 레위기, 이사야서 등의 다소 어려운 부분도 재미있는 에세이 형식으로 읽을 수 있다. 시리즈로 《그리스 신화를 아십니까》 《신약성서를 아십니까》 《코란을 아십니까》 등도 있으니 함께 읽어보기 바란다.

6. 《마음을 쏘다, 활》 오이겐 헤리겔

독일인 철학자 헤리겔이 일본에서 스승에게 궁도를 배우고 선禪의 비법을 얻기까지의 과정을 정리해서 쓴 책이다. 정신 집중과 신체 단련을 통해 얼마나 무심의 경지에 도달할 수 있는가에 대해 자신의 체험 과정을 정성껏 설명하고 있다. 세계적으로 오래 사랑받아온 명저다. 궁도의 스승인 아와 겐조의 말의 깊이는 물론이고 헤리겔의 인식력도 굉장하다. 가급적 간명하게 전달하려고 하였기에 금세 읽힌다.

저자소개

사이토 다카시

일본 메이지대학교 문학부 교수이자 일본 최고의 교육 전문가. 도쿄대학교 법학부와 동 대학원 교육학연구과 박사 과정을 거쳤다. 교육학, 신체론, 커뮤니케이션론을 전공했으며, 지식과 실용을 결합한 새로운 스타일의 글과 강연을 선보여 독자들의 지식 멘토이자 롤모델로 열광적인 지지를 받고 있다. 어떤 지식도 대중이 알기 쉽게 해석하고 설명하는 탁월한 능력으로 문학, 역사, 철학부터 공부법, 처세술, 글쓰기, 대화법에 이르기까지 분야를 가리지 않고 수백 권에 달하는 저서를 발표했다. 2001년 출간된 《신체감각을 되찾다》로 '신초 학예상'을 수상했고, 《소리 내어 읽고 싶은 일본어》는 250만 부 이상 판매되면서 마이니치 '출판문화상 특별상'을 수상했다. 주요 저서로는 《어른의 말공부》 《50부터는 인생관을 바꿔야 산다》 《혼자 있는 시간의 힘》 《잡담이 능력이다》 《내가 공부하는 이유》 《독서는 절대 나를 배신하지 않는다》 외 다수의 베스트셀러가 있다.

역자소개

황미숙

이와이 슌지 감독의 영화들이 계기가 되어 시작한 일본어로 먹고사는 통번역사. 늘 새롭고 다양한 분야를 넘나들며 즐거움과 깨달음을 얻고, 항상 설레는 인생을 꿈꾼다. 경희대 국문과 졸업 후 한국외국어대학교 통번역 대학원 일본어과 석사 취득. 현재 번역 에이전시 엔터스코리아 출판기획 및 일본어 전문 번역가로 활동하고 있다. 주요 역서로는 《꿈을 디자인하다》《타임 콜렉터》《평생내공 첫 3년에 결정된다》《뇌와 마음의 정리술》《1일 15분 활용의 기술》《요약력》외 다수가 있다.

책 읽는 사람만이 닿을 수 있는 곳

2021년 5월 25일 초판 1쇄 | 2024년 4월 30일 4쇄 발행

지은이 사이토 다카시 **옮긴이** 황미숙
펴낸이 박시형, 최세현

디자인 정아연
마케팅 양근모, 권금숙, 양봉호, 이도경 **온라인홍보팀** 신하은, 현나래, 최혜빈
디지털콘텐츠 최은정 **해외기획** 우정민, 배혜림
경영지원 홍성택, 강신우, 이윤재 **제작** 이진영
펴낸곳 (주)쌤앤파커스 **출판신고** 2006년 9월 25일 제406-2006-000210호
주소 서울시 마포구 월드컵북로 396 누리꿈스퀘어 비즈니스타워 18층
전화 02-6712-9800 **팩스** 02-6712-9810 **이메일** info@smpk.kr

쌤앤파커스(Sam&Parkers)는 독자 여러분의 책에 관한 아이디어와 원고 투고를 설레는 마음으로
기다리고 있습니다. 책으로 엮기를 원하는 아이디어가 있으신 분은 이메일 book@smpk.kr로 간
단한 개요와 취지, 연락처 등을 보내주세요. 머뭇거리지 말고 문을 두드리세요. 길이 열립니다.